GUERREIROS
NÃO NASCEM
PRONTOS

CARO LEITOR,

Queremos saber sua opinião sobre nossos livros.

Após a leitura, curta-nos no facebook/editoragentebr,

siga-nos no Twitter @EditoraGente e

visite-nos no site www.editoragente.com.br.

Cadastre-se e contribua com sugestões, críticas ou elogios.

Boa leitura!

JOSÉ LUIZ TEJON

GUERREIROS NÃO NASCEM PRONTOS

Obra-símbolo: *As guerreiras*, de Ed Ribeiro

Diretora
Rosely Boschini

Gerente Editorial
Marília Chaves

Editora e Supervisora de Produção Editorial
Rosângela de Araujo Pinheiro Barbosa

Assistentes
César Carvalho e Natália Mori Marques

Controle de Produção
Karina Groschitz

Preparação
Carla Fortino

Projeto gráfico e Diagramação
Triall Editorial Ltda

Revisão
Vero Verbo Serviços Editoriais

Capa
Ronaldo Alves

Imagens de capa
Carlinhos Brown | Ian MacNicol/Getty Images
Malala Yousafzai | Dave J. Hogan/Getty Images
Nelson Mandela | catwalker/Shutterstock.com
Roberto Shinyashiki | Fabiano Accorsi
Steve Jobs | Castleski/Shutterstock.com

Impressão
Gráfica Eskenazi

Copyright © 2016 by José Luiz Tejon Megido

Todos os direitos desta edição são reservados à Editora Gente.

Rua Wisard, 305, sala 53, São Paulo, SP – CEP 05434-080

Telefone: (11) 3670-2500

Site: http://www.editoragente.com.br

E-mail: gente@editoragente.com.br

Dados Internacionais de Catalogação na Publicação (CIP)

Angélica Ilacqua CRB-8/7057

Tejon Megido, José Luiz, 1952-
Guerreiros não nascem prontos / José Luiz Tejon Megido. – São Paulo: Editora Gente, 2016.
192 p.

ISBN 978-85-452-0054-3

1. Sucesso nos negócios   2. Autorrealização   3. Trabalho – Aspectos psicológicos   4. Sucesso I. Título

16-0366   CDD 650.1

Índice para catálogo sistemático:
1. Sucesso nos negócios 650.1

Em homenagem
aos amigos, guerreiros eternos
com saudade do futuro.

AGRADECIMENTOS

À equipe da Editora Gente, ao amigo de infância e juventude, Roberto Shinyashiki, a Rosely Boschini e Marília Chaves.

À minha equipe da TCAI: Edmea, Catherine, Mirella, Victor, Celsinho e Alberto.

À equipe da Biomarketing e MCA: Doly, Coriolano, Camila, Luciana, Natasha, Bruno, Rafael e Lucas.

Às minhas famílias conhecidas e desconhecidas...

Ao artista plástico internacional Ed Ribeiro, pela obra-símbolo do livro, *As guerreiras.*

A Alexandre Costa, da Cacau Show, à jornalista Madeleine Lacsko, a Carlinhos Brown, respectivamente, pelos textos de prefácio, apresentação e quarta capa deste livro.

A Adriana, filhos, netos Alessandro e Anninha – e a um querido amigo de Astúrias, na Espanha, que me permitiu recompor retalhos dos guerreiros invisíveis que existem em mim: José Suarez.

PREFÁCIO

Este livro que acabo de saborear, do meu brother Tejon, forma carinhosa que nós guitarristas velhos de estrada nos consideramos, mostra de forma muito simples e, portanto, brilhante – visto que a grande sabedoria se encontra nas coisas simples – como podemos nos transformar em verdadeiros guerreiros na vida.

Acredite, se você está lendo este livro, tem em suas mãos a oportunidade de mudar algo dentro de você. Independentemente do que já conquistamos, da idade ou da maturidade que temos, das nossas forças ou dos medos cotidianos, todos nós temos algo em comum: podemos evoluir, podemos ser melhores, podemos mudar nós mesmos e também o mundo em que vivemos, seja ao nosso redor, seja o nosso país; portanto, não perca a oportunidade de viver integralmente esta experiência.

Nossa missão é morrer vivos e não viver mortos, então é preciso assumirmos uma postura de humildade verdadeiramente profunda para entendermos que chegar lá não existe, que o lá é sempre um objetivo móvel, e que o grande lance é evoluirmos com felicidade um pouquinho a cada novo amanhecer; quando você se der conta, já caminhou um bocado!

Com a leitura desta obra, pude fortalecer dentro de mim conceitos muito importantes como ler a verdade nua e crua das coisas e prestar muita atenção para não trocar sonhos por ilusões, pois às vezes corremos o risco tão humano e, portanto, frugal de não dialogar com a realidade.

Espero que ao ler este livro você encontre dentro de você a energia divina para realizar, pois o aprendizado e a teoria só valem a pena quando a capacidade de transformar uma ideia em realidade se concretiza, portanto se eu pudesse lhe dar um conselho, seria este: realize, acredite, transforme uma ideia em uma ação concreta, transforme sonho em realidade por meio de trabalho duro, de uma obra que lhe dê orgulho e que seja tão verdadeira e profunda que possa ser a sua melhor tradução como ser humano.

Talvez o maior aprendizado desta obra seja adquirir a consciência de que para conquistarmos nossos sonhos e objetivos precisamos de um time, uma equipe de pessoas que possam compreender a magnitude de um sonho, de uma missão e não poupar energia vital para transformá-lo em realidade, no meu caso uma doce realidade. Tive a sorte de encontrar um time assim, de pessoas incríveis e com fé inabalável de que podemos fazer melhor a cada dia com foco, garra, união e alegria e amigos que estão sempre ao meu lado, assim como este senhor com alma de menino, que nos presenteia com esta obra que será o marco para a evolução de muitas vidas! Bem-vindo a um novo patamar de consciência, tenha uma doce leitura!

ALEXANDRE COSTA
Fundador da Cacau Show

APRESENTAÇÃO

É preciso ter muita fé na humanidade para afirmar de coração que "guerreiros não nascem prontos". Mas o Tejon é assim, observa as pessoas como obras de arte, interage com elas com o cuidado de quem está construindo essa preciosidade que é o caminho da vida, na verdade toda feita de caminho.

Se você espera fórmulas prontas, vai encontrar neste livro a visão aberta de quem compreende a beleza de não sermos todos iguais, a proposta sincera de que podemos ser o nosso melhor e não um modelo pronto e acabado que sabe-se lá de onde as pessoas tiram.

"Viver sempre vai dar trabalho", diz o Tejon. Eu concordo. Não se prega aqui a felicidade idílica, idealizada, uma vida feita de um encadeamento infindável de bons acontecimentos, uma fórmula mágica para proteger nossa alma dos sofrimentos. Prega-se a beleza da travessia, inclusive com as pedras e os tropeços do caminho.

Quem lê a obra de uma assentada só, como eu, tem a felicidade de se sentir batendo um papo com o Tejon, que escreve como fala, como ri, com o mesmo encadeamento de ideias que provoca em quem ouve a centelha de novas possibilidades, novos começos, passos diferentes numa mesma jornada. Se você o conhece ou já ouviu uma palestra dele, vai conseguir ouvir a mesma voz e imaginar as pausas, o tom, a ironia, a risada, a ressalva.

Há diversas listas com utilidade prática no livro, para autoconhecimento, avaliação de características pessoais, análise de grupo, elaboração de plano de ação, melhorar o foco, além de sugestões para que você faça as suas listas. Os capítulos, um após o outro, são uma lista de passos para cultivar o guerreiro interior e fazer com que ele atue no dia a dia.

Uma coleção de recortes de vidas interessantíssimas permeia a narrativa. Está retratado o sucesso de quem chega ao topo profissional ou de poder, mas também de quem forja o próprio caráter para desfrutar das alegrias de criar um filho com uma deficiência física severa, num mar de dificuldades objetivas.

É inspiradora a história de vida do Tejon, o menino que poderia ter se encorujado pela tragédia que lhe acometeu aos 4 anos e decidido desferir sua revolta contra aqueles que jogam pedras quando deveriam estender a mão. É com sinceridade e leveza que ele conta como se cria um antídoto sempre para "cada desapontamento e cada maldade".

Aqueles com apetite para a luta gostamos de acreditar que nascemos assim e que podemos, de alguma forma, ensinar nossos filhos a serem guerreiros indestrutíveis. Mas a verdade é que o guerreiro se constrói dia após dia e esse trabalho é, inexoravelmente, individual e incansável. O lado bom é ser possível para todos.

O Tejon diz que temos de escolher nossos mestres e provoca: "quem é sua lenda?". Antes de ler eu tinha várias, mas depois se desamarrou da zona escura da memória minha bisavó, Angélica, dona de um riso mais frouxo que o meu, e o seu costume de pontuar nossas histórias gargalhando: "não chuta a sorte, não chuta a sorte".

Eu realmente nunca pude ter esse luxo. Se Deus dá o frio conforme o cobertor, ele deve ter certeza de que eu vou tricotar um para derreter iceberg – se precisar, vou mesmo. Nas poucas vezes em que me sinto à vontade de contar um pouco da minha história de vida a alguém, as pessoas acham que é mentira, talvez porque ela não justifique que eu ria tanto.

Há sofrimentos que marcam a carne e outros que marcam a alma, estarão sempre lá. No entanto, o nosso desafio como guerreiros é jamais permitir que eles definam quem nós somos. E isso, aprendi no livro, é algo muito amplo, "o que eu sou agora é muito menos do que quem eu sou". Não é nas grandes batalhas, daquelas de contar para os amigos, que construímos esse crescimento, ele se faz gota a gota na coragem das decisões diárias.

A construção do guerreiro não é solitária, é um processo conjunto, complexo, em que escolhemos nossos mestres e nossos relacionamentos. Isso eu demorei bastante para perceber na vida. "Se você não está feliz com a sua vida, mude de relacionamentos", prega o Tejon. Para mim, foi um processo cirúrgico, pensado e que rendeu mais frutos do que o plano inicial. Quando se abre espaço para o bem, ele chega, as pessoas chegam.

A metáfora poderosa do balaio de caranguejos é determinante para quem pretende construir um caminho positivo. Quando colocados num balaio sem tampa, caranguejos não fogem, os que estão embaixo puxam os de cima de volta para o cesto. O orgulho e a vaidade são uma prisão tão real que prescinde de grades.

Na história delicada do Tejon criança na feira com a mãe tem um resumo das nossas batalhas diárias. Aceitar ou pedir a ajuda dos nossos mestres, o foco na tarefa a ser realizada, a inevitável multidão que tenta puxar a gente de volta para o balaio de caranguejos e o amor verdadeiro como o impulso e o aconchego do movimento de superação.

Muitos o fazem, mas ninguém precisa aceitar a sina de passear com indiferença pela vida. Ela é uma dádiva, um dom sagrado, uma alegria infinita até nas dores mais profundas que torturam nossa alma. A nossa criança interior precisa estar viva, é com olhos de ver novidade e beleza que encontramos de forma criativa os caminhos para resolver o que causa incômodo a nós e ao nosso tempo.

Existe um documentário brasileiro muito interessante sobre três irmãs cegas aprisionadas pelas próprias circunstâncias *chamado A pessoa é para o que nasce*. Eu acredito piamente que a gente nasce para ser o melhor que há dentro de cada um de nós.

"A fé vê antes. A ciência explica depois", diz o Tejon. Quem tem fé se reconhece, acredito que é por isso que conseguimos achar tempo para conversar sobre coisas tão bobas e tão profundas no meio do turbilhão de gente e no ritmo frenético do meu trabalho. Eu tenho fé, ele tem fé. Não estamos movendo montanhas – ainda –, mas estamos movendo muitas coisas todos os dias e nos divertindo a cada passo do caminho imperfeito que é a perfeição de existir.

Espero ter aberto o seu apetite para ler este livro de coração aberto, aceitar a beleza da sua história, identificar o que falta e o que sobra na sua alma, olhar de forma realista e positiva as pessoas que estão à sua volta. Talvez os guerreiros não nasçam prontos porque seria uma covardia do destino tirar da gente o prazer de se tornar um.

MADELEINE LACSKO
Jornalista da rede Jovem Pan

SUMÁRIO

Introdução 17

Capítulo 1   O que me interessa é a sua vitória..................................... 25

Capítulo 2   Do que você tem medo?... 39

Capítulo 3   Mate seus gigantes imaginários.. 47

Capítulo 4   O mundo lá fora bate à nossa porta, quer entrar e vem
nos incomodar 55

Capítulo 5   Vontade: o ponto de apoio de tudo. Como criar vontade,
mas não qualquer vontade?.. 63

Capítulo 6   Uróboro, a serpente que devora a própria cauda. A fé vem
primeiro, a ciência explica.. 75

Capítulo 7   O santo guerreiro, quem educa o grande guerreiro..................... 83

Capítulo 8   Papo de adulto: agora somos você e eu – método 1..................... 91

Capítulo 9   Valores e engajamento em sentido profundo – método 2......... 99

Capítulo 10   O limiar de dor expandido amplia o horizonte e o tamanho
do sucesso do guerreiro – método 3................................... 107

Capítulo 11   No reino das incertezas, há uma sabedoria e uma fórmula
para atrair a sorte – método 4... 119

Capítulo 12   O direito de ser feliz com o dever da conquista – método 5 131

Capítulo 13   Guerreiros líderes não abandonam, o prazer maior está
em poder voltar para casa – método 6................................ 141

Capítulo 14   Como um pai e uma mãe adotivos me ensinaram a arte
da dignidade da luta na guerra pela vida............................ 161

Capítulo 15   O sucesso tem fórmula, e a vitória do guerreiro também........ 169

Capítulo 16 O descanso do guerreiro 175

Capítulo 17 O poder do incômodo 179

Posfácio – Brilhante 195

Referências bibliográficas 197

Sobre as personalidades da capa 203

INTRODUÇÃO

"Mestre não é quem sempre ensina, mas quem de repente aprende."

João Guimarães Rosa

Se eu fosse dar um conselho, apenas um único conselho, para um jovem, qual seria?
Aprenda.
Para um adulto?
Aprenda.
Para um ser humano com 100 anos?
Aprenda em altíssima velocidade.

Guerreiros não nascem prontos é uma inquietação. Uma profunda inquietação. Não nascemos prontos e nunca estamos acabados. A vida é uma arte de sobrevivência, competitividade, competência, inteligência, sabedoria, escolhas e decisões. A sorte significa o que vamos fazer com aquilo que poderíamos considerar azar e que muitos, neste exato momento, consideram. E azar sempre será o que fazemos com a sorte que passa a um palmo das nossas mãos e a desdenhamos, impelidos pelos poderes nefastos das distrações.

Nunca se ajoelhar perante o destino é a essência da alma forjada na têmpera forte dos grandes guerreiros. "Aprender é mudar", nos ensinou Buda. E completo com o que Alvin Toffler disse uma vez: "O analfabeto do século XXI não será aquele que não consegue ler ou escrever, mas aquele que não consegue aprender, desaprender e, por fim, aprender de novo". E, para não deixar muito longo, me aproveito de só mais uma citação, que é quando Ovídio conclui: "É lícito aprender com o inimigo". Guarde essas três afirmações, elas serão valiosas ao longo deste livro.

Todos nós temos sonhos e aspirações, porque isso faz parte da condição humana. Queremos ganhar dinheiro, adquirir patrimônios, ter grandes carreiras, obter reconhecimento e fama, levar uma vida feliz, com saúde, beleza e sucesso. Esperamos ter nossos sonhos realizados, receber amor e que tudo dê certo. Desejamos "chegar lá", seja qual for o "lá" pessoal de cada um.

Desejos justos, pensamentos humanos dignos, vontades éticas e estéticas de progresso em vida – afinal, nós merecemos, nós podemos.

E ao mesmo tempo em que temos tantos desejos, "tudo seria fácil se não fossem as dificuldades", escreveu o famoso chargista Barão de Itararé. Sim, claro, a saga humana na Terra é plena de sonhos, mas os sonhos não são fáceis, ou melhor, não são tão fáceis assim. Eles não se realizam da noite para o dia ou num passe de mágica, mas podem ser alcançados se compreendermos, o quanto antes, os segredos da formação dos legítimos guerreiros, dos conquistadores.

Legítimos guerreiros aprendem a não confundir sonhos com ilusões. Aí residem a traição e a perdição de muitos.

A luta sobre a qual abordaremos neste livro não se trata de batalhas militares. Estas, porém, servem de exemplo e nos ensinam importantes estratégias e táticas para a vitória. Os povos que obtiveram grandes êxitos nas guerras no passado mais remoto foram aqueles que primeiro aprenderam a lutar em grupo. Não individualmente, mas formando um conjunto. A disciplina da equipe elevava o poder médio. Os fracos ficavam mais fortes, e os menos vocacionados para as batalhas tinham seus pontos fragilizados minimizados. E aí começa a nascer uma das principais sabedorias deste livro: a lei do mínimo. Buscamos os macrosseres, mas não somos chamados a prestar atenção nos humildes, simples e comuns, nas milhões de pessoas anônimas de todos os dias, e se não fossem elas (e me incluo nesse grupo), jamais existiria nenhum superser. E, ainda mais, não fosse o domínio das necessidades mínimas dentro daqueles que idolatramos como os superseres, os camaradas de alta performance jamais existiriam (vamos ver muito mais disso ao longo deste livro). A força do grupo, o aprender a lutar juntos, possibilitava chances maiores para os grandes e natos guerreiros sobressaírem, bem como o talento exponencial dos melhores capacitava os menos dotados para performances superiores. Ah, sim, o poder do conjunto amplifica os fortes e dá poder aos medianos. Sabedoria significa reunir estratégias para minimizar os efeitos das incertezas e do acaso.

Você acha que a sorte existe? Este livro, ao tratar dos guerreiros e assertivamente dizer "eles não nascem prontos", discorre também sobre o incerto, o improvável; e o tal do azar? Sim, claro. Edgar Morin, educador francês, afirmou: "Somos ensinados ao certo e não ao incerto, e as incertezas são certas". Daniel Kahneman, Nobel de Economia em 2002, asseverou: "A sorte, o acaso, a incerteza, é determinante das mudanças no mundo, e está muito mais presente do que gostamos de admitir". Dessa forma, guerreiros sábios dedicam fé e reflexões ao mundo das incertezas. E é importante também deixar claro o que entendo por fé: fé significa ausência de dúvida. E isso serve tanto para o bem quanto para o mal. E, na nossa vida cotidiana, são representadas por microescolhas, ínfimas ações, segundos e centímetros que escrevem e reescrevem nossa existência e a diferença entre o desejado sucesso *versus* o não ser bem-sucedido.

Quando eu tinha 17 anos, conheci um rapaz que mudou minha vida para sempre, embora só tenhamos convivido por uns três meses. O nome dele era Kolhy e tinha 18 anos. Nos dois fazíamos música, e ele inscreveu a dele num festival e eu a minha. Telles, o organizador do festival, que eu não conhecia, disse para ele: "Procure o Tejon, você tem uma ótima letra e ele uma ótima música, façam uma parceria". Naquele tempo não havia internet, telefone, nada. Telles deu meu endereço ao Kolhy e ele foi até minha casa. Após 45 anos, nós dois nos reencontramos. Foi então que ele me confessou que naquele dia em que foi me procurar estava envergonhado: subiu as escadas do primeiro andar do apartamento onde eu morava e desceu várias vezes. Hesitou, não queria tocar a campainha. Ele se achou ridículo, sem jeito. Mas finalmente me chamou. Por sorte, eu estava em casa. Poderia não estar, ter saído, ou estar dormindo. Atendi, e ele me disse: "Vamos fazer uma música juntos. Teremos chance de ser escolhidos e selecionados". Eu poderia ter mandado o Kolhy passear, ter sido arrogante, não ter acreditado na honestidade daquele propósito. Mas sentamos no chão da sala e criamos ali a nossa nova música. Fomos selecionados, e isso mudou meu destino e toda a minha jornada futura. Eu não seria quem sou, e não estaria escrevendo este livro, se o Kolhy não tivesse apertado aquela campainha... No encontro com esse amigo muitos anos depois, perguntei do Telles, a pessoa que tinha dado início a tudo aquilo. Kolhy me deu o telefone dele. Liguei e lhe disse: "Meu caro, quero agradecê-lo. Você foi íntegro no seu trabalho. Não me conhecia, nunca havia me visto, mas ouviu minha música, gostou e encaminhou um parceiro para mim. Muito obrigado, você mudou a minha vida para muito melhor". Infelizmente, duas semanas depois, uma querida amiga que tinha relações com o Telles, a Carmela, me ligou e informou que ele havia falecido. Ela me disse: "Ele comentava com todo mundo sobre o seu telefonema e estava imensamente feliz...".

Perguntam-me que música era essa, uma autêntica tropicália, onde vivíamos guerra do Vietnã, movimento hippie e lutas estudantis contra a ditadura no Brasil e na América latina. "...na era que encerra, visões da vida e da guerra na morte que espera... vivemos, sem saber onde ir, pois no fim, não existe nada..." A letra e a música eram instrumentos de luta, e começávamos a aprender os primeiros passos do aprender com a própria vida em si e os bons amigos, e que transformar o amargor em valor seria a maior sabedoria perante todos os desafios. Guerreiros não nascem prontos. A sabedoria está em aprender a aprender. É impressionante observar ao longo da vida como o máximo de cada um depende de uma imensa série de "mínimos".

Vejo ao longo da minha vida muitos seres humanos valorosos, repletos de sonhos e vontades, trabalhadores, não conseguirem sucesso pela simples razão de não estarem conscientes do foco, da atenção, do sentido maior que o deixar-se experimentar possui... o pequeno mínimo que cria imensidões máximas. A perdição consiste em trocar sonhos por ilusões, um imenso perigo.

Nosso limite não está no máximo que podemos dar, mas no mínimo que aprendemos e podemos tolerar. Por isso este livro objetiva permitir que você obtenha o que merece obter. Este livro se propõe a ampliar espetacularmente a sua chance de sucesso. Precisamos aprender a sonhar. Legal, todo mundo diz: "Sonhe grande", mas a vida nos ensina que todo grande sonho é o resultado de uma cadeia de pequenos sonhos realizados. Sim, vamos tratar de sucesso, palavra que está na boca do povo, mas não pela mesquinhez do termo, não pela competitividade nefasta, inescrupulosa e não cooperativa. Muito pelo contrário, totalmente pelo contrário. Neste livro, você vai perceber que tudo o que você gostaria de receber da vida lhe é dado e oferecido. E vai sentir que a maioria das pessoas não pega o que a vida insiste em lhe dar. E as pessoas não fazem isso simplesmente por não terem sido suficientemente preparadas, educadas e conscientizadas dos fatores poderosos que a natureza possui, as forças permanentes do universo, para as quais somos arremessados todos os dias e horas. E não pegamos por culpa única e exclusiva nossa. Podemos e devemos aprender com as dores da história. Podemos e devemos aprender com os amores de todos os tempos. Podemos e devemos aprender com os loucos, insanos, dementes, assassinos e torturadores milenares. Podemos e devemos aprender com os generosos, justos, íntegros, heróis, poderosos que souberam sair, doar e dar; e podemos e devemos aprender com a maioria esmagadora de alienados, amorfos, guiados, esperançosos, preguiçosos, dependentes e sem força vital, tônus e empatia para com o movimento. E que assim são por falta de um amor que os desperte.

Podemos e devemos aprender. E, ao aprendermos, nos dotamos das competências que nos permitem ser aquilo que podemos vir a ser – o que será sempre muito mais do que aquilo que somos. Os heróis das histórias geniais de Tolkien, como *O senhor dos anéis* e *O hobbit*, não são superseres, são exatamente os mais simples e puros, e ao longo da jornada vão se transformando em guerreiros. Não sabiam ser. Mas a fé pura, a alma boa, a obrigação por lutar e não se entregar criam desses puros os guerreiros e heróis inspiracionais. A fábula copia a vida.

No último instante da vida, podemos aprender sentidos que nos transportam ao voo eterno e superior da alma. Com muita riqueza, patrimônio, poderes, fama, podemos aprender a sublimação e alçar voos superiores, aprendendo a sair, saber sair.

Conheci José Mindlin, fundador da Metal Leve e membro do conselho do jornal *O Estado de S. Paulo*, onde trabalhei por quase vinte anos. Ele é uma prova generosa de que os guerreiros não nascem prontos e que mesmo depois de construir riqueza, patrimônio, prestígio e sucesso incontestável nunca param de aprender. Num encontro que teríamos, não sabíamos que lembrança poderíamos dar ao querido Zé Mindlin. Alguém sugeriu uma lupa. Sim, uma lupa para aumentar as letras, permitindo a leitura dos livros que ele amava mais que tudo. E assim fizemos. Ele ficou encantado, pois lia todos os dias, e deixou uma biblioteca maravilhosa, que cultivava desde os 13 anos, como um legado ascensional, uma obra sublime de sua vida guerreira. A biblioteca Brasiliana Guita e José Mindlin foi criada em 2005. Todos os livros foram doados à USP. Está no prédio localizado na Cidade Universitária de São Paulo. São 60 mil volumes, colecionados por mais de oitenta anos pelo também bibliófilo José Mindlin e sua esposa Guita. Existe muita vida além de dinheiro, fama e beleza. Ou, quem sabe, antes de todas essas coisas.

Trabalhei com Shunji Nishimura, fundador da Jacto, um exemplo de organização e primor de gestão no Brasil. Quando Nishimura tinha em torno de 70 anos, decidiu criar a Fundação de Tecnologia. Antes de falecer, aos 100 anos, suas últimas palavras foram: "Filhos, por que tudo deu certo?". Hoje, sua Fundação Shunji Nishimura de Tecnologia é considerada o local, em Pompeia, no estado de São Paulo, representativo do principal polo de excelência em agricultura de precisão do país. Por que tudo deu certo? Preste atenção em todos os casos de elevação na obra humana e faça essa mesma pergunta: "Por que tudo deu certo?".

Este livro se preocupa com você. Com o poder de evolução em altíssima velocidade, em todos os sentidos, no curto espaço-tempo de apenas uma vida. E que essa ótica da alma esteja refletida na qualidade de sua vida material. Não vivemos mais uma era do "ou isto, ou aquilo". Viveremos doravante a era do "e isto e aquilo". Lógico, dentro de uma consistência sustentável, na qual já sabemos que roubar do futuro para lucrar no presente significa uma inexorável derrota no tempo, que anda agora cada vez mais veloz e juiz impiedoso das escolhas. Dinheiro, sucesso, fama, felicidade, saúde e beleza são extraordinários e muito bem-vindos. E, ao contrário de preconceitos do passado, não são nada excludentes de dignidade, honradez, forte caráter, trabalho íntegro e honesto, estudo intensivo, paz e aprimoramento das sensibilidades humanas e emocionais.

Guerreiros vivem, lutam, crescem e aprendem aqui e agora no nosso mundo contemporâneo. Por isso se desenvolvem na arte e na ciência da harmonia dos bens materiais com os espirituais. Um retroalimenta o outro, e um não viverá no seu potencial sublime sem o apoio do outro. Ao final, próximo do canto do cisne dos velhos guerreiros, eles saberão cantar e contar aos jovens iniciantes que lutar é preciso, mas que a paz será sempre a maior de todas as recompensas, a paz de suas consciências.

Ao nascer, somos convocados para a profissão de guerreiros. Podemos gostar ou não disso. Mas viver será sempre o embate, o combate com forças indesejáveis. Viver será sempre criar amizades. Viver será sempre enfrentar o inesperado, a dor. Viver será sempre apreciar os prazeres, as delícias e a felicidade que gostaríamos de ver na eternidade. E nossa missão será morrer vivo, e jamais viver morto. Bem-vindo à vida, bem-vindo ao prazer efervescente da alegria da força vivida da vida. Bem-vindo à luta pela qual vale a pena lutar, a da vida, a da nossa vida, a da sua vida, a vida de quem você ama, e por quem até daria a própria vida.

Vamos juntos, pois guerreiros não nascem prontos.

E aquele que se nega a lutar o combate obrigatório da própria vida deposita nos ombros de outros o peso e o fardo insuportável da própria existência. Apenas posterga o óbvio.

Quem ama cria guerreiros, os grandes guerreiros amam seus mestres e aprendem a sabedoria de admirá-los. Seremos, ao final, o resultado dessa admiração. E a capacidade de ser guerreiro que ensino neste livro é o motor das realizações, é aquilo que falta entre o quase conseguir e o sucesso completo. É aquilo que pode nos fazer crescer de forma individual e coletiva.

Os seres humanos são imperfeitos, mas as obras, essas, sim, são perfeitas... Por isso não terminaremos nunca de nos esculpir como pedras brutas, e de nossas lascas podem sair perfeições reconhecidas por Deus.

Guerreiros não nascem prontos. A verdade está nos milênios.

O segredo?

Concentrar os milênios no lapso deste tempo, já.

CAPÍTULO 1

O QUE ME INTERESSA É A SUA VITÓRIA

"O que as vitórias têm de mau é que não são definitivas. O que as derrotas têm de bom é que também não são definitivas."

— José Saramago

"[...] Enquanto os próximos mil anos vierem e milhares deles depois, muitos nascerão e morrerão. E a história continuará a se desdobrar tão estranha, complexa e convincente quanto a que minha humilde pena foi capaz de colocar diante de vocês aqui. Nenhum homem pode dizer com certeza o que o futuro reserva. Mas, talvez, sabendo o que já ocorreu, possamos todos fazer a nossa parte para evitar os erros dos antepassados, imitar seus êxitos e criar um mundo mais harmonizado para nossos filhos e para os filhos deles, nas gerações que estão por vir."

— George R.R. Martin, *O mundo de gelo e fogo*

O que me interessa agora é a sua vitória, guerreira ou guerreiro da sua própria vida, só para começar. Ed Ribeiro, hoje um artista plástico consagrado internacionalmente, um legítimo guerreiro que não nasceu pronto e veio a ser um sucesso incrível, enviou para mim a tela *O guerreiro Ogum e a guerreira Iansã*, como inspiração de luta para este livro. Ed virou uma sensação por pintar como ninguém, derramando tintas. "Artista plástico das tintas livres", como o batizei. Sim, as tintas e as telas dele fluem livres. Da mesma forma, a sua vida, com as tintas e as telas escorrendo livres. A fé está no admirar o arranjo a cada esparramo. Ed, porém, não sabia que seria um dia artista plástico, mas se fez numa mutação espetacular. Sozinho? Não. Prestando atenção em pessoas, observações e conselhos, os quais poderia não ter ouvido. Ele ouviu, seguiu a partir disso. E de lanchonetes chamadas "point do acarajé", em Salvador, Bahia, criou uma incrível e vitoriosa carreira, mundo afora. Não mais fazendo acarajés, mas pintando o que a imaginação humana pode se inspirar, a partir das suas telas.

Agora é hora das verdades nuas e cruas. Sem elas, não progrediremos.

Num encontro do grupo Caliper na Filadélfia, Estados Unidos, estive com Daniel Goleman. Um sujeito genial, criador do conceito de inteligência emocional e cujo mais recente livro, *Foco*, é extraordinário. Com ele, constatamos um estudo, para o qual devemos orientar nossas atenções, e pensarmos em cada um de nós, nossas vidas e nossos resultados. Veja só, Goleman mostrou que apenas 11% das pessoas são engajadas. Isso quer dizer que elas atuam e vivem com o foco concentrado, aproveitam as oportunidades e buscam a perfeição em tudo o que fazem. São seguidas por outras 19%, chamadas de aderentes. Esses seres humanos tendem a admirar os 11% mais competitivos, competentes e engajados em tudo o que fazem, e, se atentos a essas forças de realização, podem se somar a essa minoria e fazer acontecer. O drama está nos 50% considerados "turistas", que passam o tempo nas empresas, no trabalho e no planeta, e, nos 20% restantes, chamados de terroristas, detonando empresas, instituições, famílias e a Terra.

Esses indicadores, esses percentuais, não são absolutos. Dependendo da maior capacidade de liderança, da sua qualidade, humanismo e comprometimento ético voltado ao progresso evolutivo humano, com valores e virtudes, conseguimos melhorar positivamente o aproveitamento das vidas humanas ao seu redor. Recomendo prestar atenção em regiões brasileiras onde temos organizações cooperativas, por exemplo, reunindo milhares de seres humanos, e ali, nesses locais, a qualidade de vida é muito melhor, o estudo melhor, a educação, a tecnologia, a renda tudo floresce de maneira muito mais positiva e veloz do que em locais com as mesmas potencialidades, mas que não possuem um modelo de organização e liderança cooperativa bem administrada. Cito exemplos como Chapecó e região, em Santa Catarina, sob a liderança da cooperativa Aurora, com mais de 100 mil famílias envolvidas; Campo Mourão, no Paraná, onde existe a Coamo, com quase 30 mil famílias cooperadas;

Rio Verde, Goiás, com a Comigo; no Espírito Santo, a Coopeavi; no Rio Grande do Sul, a Cooperativa Santa Clara, Cotrijal, e na Grande São Paulo, a gigantesca Coop. Existem dezenas de outros exemplos reais e vivos comprovando esse fundamento. Contudo, quando olhamos para esses índices de Goleman e os aplicamos de maneira geral, na média das organizações, dos bairros, das comunidades, das cidades, infelizmente constatamos a triste exatidão dos percentuais, e, ao contrário dos lugares bem liderados, podemos ainda ver um terrível "pioramento", com um maior número de seres humanos na categoria de "turistas" e "terroristas".

Dessa forma, querido leitor e querida leitora, aqui nasce o primeiro ponto para o qual desejo sua reflexão, sua parada, seu pensamento. Pare de ler apenas por alguns minutos. Pense com o máximo de isenção de qualquer preconceito. Avalie olhando ao seu redor. Quantas pessoas você conhece, com quantas convive e como as distribuiria nesses percentuais de atitudes perante a própria vida?

Depois de pensar nas pessoas da sua história, com quem você conviveu e convive, continue mergulhando de forma mais profunda e analise: os que você considera bem-sucedidos, com sucesso, como são, com quem costumam se relacionar, como usam o tempo? E compare esse grupo com os demais, que você avalia como malsucedidos, infelizes, amorfos, desligados, sem foco, a turma do tanto-faz, e aqueles resmungões, reclamões, acusadores, predadores, que sempre têm pedras nas mãos ou que sofrem da síndrome da sensação de azar e de perseguições contumazes.

Feito esse olhar sobre os outros, chega a hora de pensar em você e com você mesmo.

Sim, nascemos para ser guerreiros, e guerreiros somos. A diferença é que alguns têm a consciência dessa saga, desse prazer de viver e de transformação da vida. E outros não têm essa consciência. Portanto, tudo parece indesejado, negativo, difícil, e por esse vício de percepção tendem ao abandono. Ou, pior, ao autoabandono. Desistem do planeta, do país, do trabalho, do estudo, dos amigos e, ainda, de si mesmos. No entanto, "tudo seria fácil se não fossem as dificuldades", repetindo o Barão de Itararé. Se tivéssemos consciência de tudo isso, todos poderíamos assumir a verdade de que guerreiros não nascem prontos, mas é possível aprender, crescer, superar e transformar todas as circunstâncias ao nosso redor.

Dessa forma, o que me interessa aqui e agora não são nem os 11% dos engajados, espetaculares e guerreiros prontos e conscientes, nem, muito menos, os 20% dos terroristas, ausentes de fé e desprovidos da crença básica de um mundo melhor e da possibilidade humanista em nosso planeta.

Abro mão dos últimos não por expurgo ou desumanidade, mas porque, neste momento, neste livro, não temos tempo, nem tem este texto possibilidades de êxito com esse segmento notoriamente predador, corrupto e corruptor, em que a busca da felicidade é orientada pelo caminho da facilidade, facilidade essa sem freios, em nenhuma conformidade com a ética e em ignorância total da sustentabilidade. Esses seres humanos terão cada vez menos tempo para usufruir de suas falsas ilusões. Por outro lado, quanto maior for a consciência dos demais 80% não apenas do direito e do valor de suas artes guerreiras, mas da criação de sistemas e sociedades de valor, menor será a proliferação dos egocêntricos nefastos. Interessa-me aqui a grande maioria. Em torno de 80% de todos os seres humanos vivos, grupo no qual tento me incluir, depois de muito aprendizado e sem nunca parar de aprender.

Quero saber agora de você. Ou melhor, você precisa saber de você. No entanto, não é justo entrar na sua vida sem permitir que você entre na minha. Falar dos outros é fácil. Difícil é colocar a si próprio na vitrine, na exposição das realidades.

Sei que já fui "turista" para muitas coisas na vida. Guerreiros valorosos me arrancaram dessa zona de conforto. Agradeço a eles. Sei também que já fui "terrorista" para algumas coisas na vida. Fui salvo milagrosamente por guerreiros virtuosos que me ensinaram a canalizar a fúria e a ira da ignorância para a fúria e a ira da busca da consciência. Tive e tenho sorte. Ninguém consegue nada sozinho. Guerreiros valiosos me ensinaram a canalizar o foco e a luz das paixões. Eles me fizeram ver que a mais primordial de todas as escolhas está na resposta à palavra "quem". Com "quem" vou, "quem" eu escolho para seguir. Não importa o lugar, a circunstância. E esse "quem" transcende morte ou vida. Vale dizer que o "quem" é minha eleição íntima do mestre, do meu herói guerreiro. E da minha legião. Precisamos saber viver com tudo e com todos. Contudo, a casa para onde retornamos, essa deve ser o altar sagrado das regenerações, dos expurgos conosco mesmo, das mutações e das autocríticas estoicas. Ouvir *Tente outra vez*, com Raul Seixas, vai ajudar. E estar com os amigos. Nunca seremos guerreiros sem o valor e a força da amizade sincera. Guerreiros não abandonam outros guerreiros.

Minha existência foi uma faculdade excelente para aprender. Quem olha a história de fora diria: "Impossível". Foi um caso incrível de superação. Além das forças naturais e do destino, que me fizeram nascer de mãe solteira, ser adotado aos 2 anos, sofrer uma forte queimadura facial aos 4, passar cerca de doze anos semi-internado em hospitais públicos fazendo centenas de microcirurgias plásticas reparadoras, iniciar meus estudos numa escolinha para crianças excepcionais da Santa Casa de Santos, crescer e viver com o rosto queimado, numa família pobre, com poucas condições de dar saltos de sucesso na vida. Aonde cheguei é considerado pela sociedade um sucesso. Obtive riqueza na forma de uma ótima condição de vida. Terminei conseguindo estudar nas melhores instituições do Brasil e em algumas do mundo. Neste momento, escrevo parte deste livro na cidade de Nantes, na França. Terra de Júlio Verne e da faculdade Audencia, onde também dou aulas num MBA internacional. Para quem não imaginava nem passar no vestibular, me surpreendo ao olhar tudo isso do lado de fora de mim mesmo. Ter o título de mestre, e já terminando um doutorado, ser reconhecido como executivo, diretor de grandes corporações de sucesso, conferencista internacional, premiado, enfim, tudo o que você pode olhar se tiver curiosidade no meu site: **www.tejon.com.br**. Isso impressiona muitas pessoas. Portanto, mais do que ler ou falar sobre os outros, o que também tem muito valor, a vida me permitiu viver. Mais ainda, a vida me obrigou a aprender a ser um guerreiro. Passados todos esses anos, agora sei, e sei pela sabedoria do viver, que somos todos convocados para ser guerreiros, mas que não nascemos prontos. E que a grande maioria desiste. E por que desiste? Pelos mesmos motivos pelos quais desistimos da matemática, da história, da biologia. É culpa de escolas e educadores desprovidos de capacidade criativa, pedagógica e inspiracional.

* * *

Em Cocal dos Alves, Piauí, cidade com cerca de 20 mil habitantes, os alunos de uma escola pública tiram notas excelentes em olimpíadas de Matemática. Por quê? Foram investigar e encontraram o professor Antonio. Perguntaram a ele qual a fórmula desse sucesso, e ele respondeu: "Coloco os melhores alunos ensinando para os outros, e todos progridem". Muito simples. A lei do mínimo. Claro, os mais naturalmente vocacionados para a Matemática ensinam os que têm mais dificuldade na matéria. O prazer é acessado no uso desse tempo, no foco dessas lições, na construção em equipe, e valores ascensionais são introjetados naquela microcomunidade. Em contrapartida, temos aqueles que não desistem, mas podem tomar o caminho equivocado das ilusões, da não conformidade com o tempo, e podem fazer escolhas erradas de curto prazo, para ganhar felicidade através de atalhos sugestivos de facilidades. E isso, ao final de uma vida, termina por ser o amargor de todos os amargores, se ainda for possível a esse guerreiro fora da luz tomar consciência de suas decisões e do próprio roteiro que preferiu e escolheu. Agora, cabe ao aluno a busca pelo mestre, pois não estamos mais no Ensino Fundamental. Nossa criança vive dentro do nosso adulto, e como toda criança tem sede de saber, e ela nos conduz na busca, na curiosidade.

Quando fracos, somos muito ansiosos por aprovação. Quando frágeis, somos titubeantes e hesitantes nas decisões.

Errei muito, mas a cada erro refletia. Caí muito, e a vida me ensinou que todos vamos errar, todos vamos cair, porém o segredo dos grandes guerreiros está em avaliar a queda, aprender com ela e ter forças para levantar.

Falir um negócio, jogar fora uma carreira, perder um cargo importante, abandonar filhos, não valorizar pessoas que nos amam, não dar atenção aos amigos ao longo da jornada, abandonar quem um dia nos deu a mão, trair, mentir, inventar sem saber, enganar, tratar as pessoas com desprezo quando estamos em cargos de poder e prestígio, achar que somos eternos, não saber perdoar... Somos imperfeitos, somos humanos com necessidade de ser talhados, forjados e amadurecidos no fogo das emoções e na matemática das razões. Não sou nenhum santo, nenhum guru. Sou apenas um ser humano cuja vida obrigou a ver, ser visto com curiosidade, superioridade por alguns, inferioridade por outros, um potencial alvo para bons *bullyings*, alguém que não ia ser nada, mas se tornou o inimaginável para a quase totalidade das pessoas que acompanharam minha infância e juventude. Essa vida, admirado leitor e leitora, me obrigou a saber que somos o resultado das pessoas que aprendemos a admirar, mas, acima de tudo, essa vida me permitiu constatar o que filósofos, santos e estudiosos afirmam: o que somos não define quem somos.

GUERREIROS NÃO NASCEM PRONTOS • 31

Podemos vir a ser algo muito maior do que aquilo que, quando nos olhamos, estamos sendo naquele momento.

Essa é a vitória suprema e também é o início dos passos para nos tornarmos legítimos grandes guerreiros da vida e, acima de tudo, de nossa própria vida. Grandes guerreiros formam grandes guerreiros. Dessa forma, se você ama seus filhos, seus pais, sua empresa, seus amigos, para que eles sejam grandes é preciso atuar com a consciência da busca da grandeza, da força e da superação que há dentro de cada um de nós. Portanto, como meu querido amigo Ricardo Morganti, mestre de jiu-jítsu e formador de lutadores para o MMA, disse-me um dia: "Um grande lutador será aquele que mais conseguir ampliar o seu limiar de dor". Novamente algo presente e permanente neste livro: o grande poder será sempre limitado pela lei dos mínimos. No MMA, se o lutador não tem o limiar de dor ampliado, pode saber bater muito, mas vai perder por não conseguir suportar as dores das pancadas que levar.

Ao longo deste livro, apresentarei exemplos espetaculares de grandes guerreiros, símbolos inspiradores. No entanto, observe desde já, eles criam amigos, fazem guerreiros ao longo do seu viver. E a legião de guerreiros que os acompanha não os abandona. Observe com atenção a importância dos verdadeiros amigos na construção da arte pessoal dos nossos guerreiros. E, na profissão, nos negócios transforme a velha moral de "negócios, negócios, amigos à parte" em "negócios, negócios, amigos fazem parte", como ouvi de Eduardo Leduc, vice-presidente para a América Latina da Basf Agro.

* * *

Eduardo (nome fictício) tem 32 anos e ganha seis salários mínimos por mês. Passou em concurso público e mora no litoral. Ama surf, e quando não está executando a obrigação das horas que precisa cumprir no emprego, está surfando. Eduardo não tem dependentes, ainda. Um bom rapaz, carinhoso, ama a mãe, com quem mora. Seu pai já é falecido. Sua mãe vive da aposentadoria de viúva.

Numa conversa, Eduardo me disse que tem horror à ideia de ser promovido. Não quer saber de crescer na organização, muito menos de virar gerente. "O que eu quero", disse ele, "é ganhar o meu salário, nas horas combinadas e ficar com os amigos, namorar e surfar". Da mesma forma, não aceita, nem em sonho nem em pesadelo, a ideia de transferência de cidade. Imaginar ficar sem aquela praia, aqueles amigos e o surf é a morte. Perguntei como ele faz para dar conta do trabalho, dentro dessa perspectiva de não engajamento na instituição, e ele me disse que faz o suficiente "para o gasto", quer dizer, cuida para não estar entre os mal-avaliados, procura ficar na turma do meio, sem chamar atenção nem para baixo nem para cima. E reforça: "não quero saber de promoção nem de transferências, ou de virar herói na empresa, e também não quero ficar na mira dos descartáveis, ou seja, eu faço para me manter". Como tudo muda muito hoje em qualquer atividade, ciência inovadora, processos em transformação, sistemas, TI, ISOS de qualidade, avaliações em 360 graus e toda uma tecnologia de administração que exige e pressiona pela excelência, perguntei ao Eduardo como ele faz par acompanhar isso tudo, não querendo se dedicar intensamente ao trabalho, tendo esse posto nesse órgão público exclusivamente para receber os seus cerca de seis salários mínimos ao mês. Ele responde resumindo com uma simplicidade muito grande a sua estratégia de sobrevivência: "Sou muito querido por todos, faço amizade com todo mundo. Não tenho inimigos, e com isso não sou incomodado, pois também, não incomodo ninguém. Não quero competir com nada aqui dentro. Minha vida é lá fora, surfando e curtindo com os amigos".

Bem, o que acha da história de vida do Eduardo? E como crê que será a vida dele aos 42 ou aos 52 anos? Provavelmente você conhece várias pessoas assim. Eduardo tem inteligência emocional nas relações humanas, e tem muito bem definido o foco do seu tempo, e conta com sua felicidade dessa forma. E, claro, tudo seria perfeito se não fossem as armadilhas da vida.

Vamos ver outra história de vida, parecida, mas com mudanças no destino, pois a vida sempre se encarrega de nos surpreender.

Falo agora do Rogério (nome fictício). Quando o conheci, tínhamos cerca de 18 anos. Agora já ultrapassamos os 60... No início, a vida do Rogério era muito parecida com a do Eduardo. Muito divertido, um ser humano afável, amável. Da mesma forma, tinha um ideal: dedicar-se à música, e considerava a sua formação, o seu estudo, alguma coisa para apenas obter um salário, que pagasse seus sonhos da música, de tocar pelos bares.

Nos primeiros dez ou quinze anos, até chegar um pouco acima da idade atual do Eduardo, Rogério era apenas alegria, felicidade e satisfação. Tinha um emprego bom, conseguido com o diploma da área de Ciências Exatas, mas, da mesma forma que o Eduardo, não queria saber de crescimento na carreira, de virar gestor, de transferências de área ou de cidade nem de engajamento para se tornar num exemplo de excelência da sua profissão. Eduardo vive para o surf. Rogério vivia para a ilusão das noites tocando de graça nos bares. Um dia, conheceu uma linda moça. Bateu a mola propulsora da paixão. Casaram-se e vieram dois filhos. Passando a ter dependentes, o salário que ganhava já não era mais suficiente para cobrir as despesas decorrentes de cuidar de duas crianças e também da esposa, que não estava mais trabalhando para cuidar dos filhos. As despesas eram maiores do que as entradas. Onde falta pão ninguém tem razão, diz o velho ditado. Em alguns anos, o casamento deu em separação. Dos 40 anos em diante, a vida do Rogério foi se transformando em angústia e depressão. Não olhava para a profissão para a qual havia se diplomado, e praticamente a abandonava. Do seu talento de relações humanas, recebia convites para ser representante comercial técnico, para área de vendas, mas não suportava a ideia. Passava a viver de saltos em saltos, não se firmava em emprego nenhum, e mantinha como ilusão a velha ideia de que poderia ser músico, DJ, e viver da noite. O que resta da vida do Rogério hoje? Vive dependente da mãe, uma senhora com mais de 80 anos que praticamente o sustenta. Além disso, é essa senhora que cuida dos filhos do seu filho. E o Rogerio, é feliz? Só quando consegue brincar de músico, em alguma canja numa banda de amigos. Fora desse momento, se angustia por não entender o que deu errado. Por que uma personalidade querida como a sua não conseguiu estabilidade e se transformou num zé-ninguém, num fracassado? Fica aqui uma pergunta a mais: e a situação da mãe do amigo Rogério? Mais de 80 anos e se transformando na cuidadora do filho e dos netos...

Você com certeza conhece histórias parecidas, semelhantes, mas vamos coletando casos reais da vida real, e transformando-as aqui como se ficção fossem, mas sabemos que a vida imita o teatro.

Mônica (nome fictício) é outro caso. Linda jovem, tem da mesma forma um emprego, o qual também utiliza como "turista", passando o tempo, pois seu sonho está em vir a ser uma "*it girl*" ou uma "musa fit". Acompanho o caso Mônica por meio de uma amiga empresária, que está fazendo de tudo para colocar a moça num rumo certo, numa carreira.

Mônica tem talentos, é claro. Inteligente, simpática, capta nuances com facilidade, além de ser contemplada como uma beleza diferenciada. Quando consegue ser convocada para prestar atenção, para um foco concentrado, tem ótimo desempenho. Cativa e provoca impactos positivos profissionais. Seu problema está na dispersão. Vive dominada por uma infestação de distrações, em que seu *Snapchat* não para de bombar e de convocá-la o tempo inteiro para o reino das fantasias. Com o passar dos anos, a luta interior entre a concentração no seu desenvolvimento *versus* a própria beleza que a domina seguem em campos opostos, o que representa um erro gigantesco. A divisão interior entre vir a ser uma fashion comunicadora de grifes ou uma musa de academias *versus* uma gerente comercial onde trabalha está aniquilando, no passar veloz do tempo, a vida de Mônica.

Não está feliz no amor, não está feliz no trabalho, não está feliz com o que ganha, não está feliz porque não encontra o caminho para ser uma blogueira, uma YouTuber, uma *it girl* ou uma musa fit... Não está feliz no trabalho, não está feliz na casa onde vive com os pais, não está feliz onde estuda, não está feliz nas baladas, pois reclama de todas, achando que os rapazes só a veem como alguém para ficar, curtir e descartar. Não se sente valorizada. Ou seja, Mônica é uma linda moça, com todas as qualidades para ser uma pessoa de sucesso, feliz, empreendedora, e que ainda tem ao seu lado uma guerreira experiente que está fazendo de tudo para ajudá-la a dar um rumo, um foco à sua carreira.

Qual o problema de Mônica? Quantas Mônicas você conhece? O que falta para essa pessoa mudar sua vida que aponta para infortúnios?

No entanto, os casos de guerreiros não nascerem prontos não valem só para mais jovens. São da mesma forma significativos para os mais maduros. A grande lição da vida está em que não iremos parar de aprender e de nos transformar, nunca. Isso independe da idade, e seremos chamados a essas mudanças ao longo de toda a vida.

Mariana (nome fictício) já está com mais de 40 anos. Formada nas melhores escolas internacionais, tem doutorado no exterior. Uma pessoa que pode ser considerada como apaixonada pela sua profissão, por conteúdo e formação. Lê e acompanha o estado da arte daquilo que a movimenta interiormente, o seu trabalho, a sua profissão. No início de sua vida foi professora de uma grande faculdade no país, logo fazia consultorias na sua área em empresas, e sem muito perder tempo, ainda jovem já assumia o cargo de diretoria num grande grupo empresarial. A realidade, porém, começava a demonstrar, num ciclo de não mais do que dois anos em média, Mariana era demitida dessas empresas.

Passou por cerca de pelo menos cinco ou seis grandes grupos empresariais, mas terminava repetindo a mesma fórmula: contratada com imensas expectativas e demitida num curto espaço de tempo. Mariana culpa o entorno, culpa a fraqueza dos executivos e dos líderes com quem veio a trabalhar. Contudo, ela teve à sua disposição, por onde andou, guerreiros com os quais aprender. No entanto, não os via, não os ouvia e não acreditava que estariam ali. As carreiras agora começam cedo, e também podem terminar muito mais cedo. Aprender depois dos 40 é possível? Sim, podemos aprender sempre. Entretanto, quantas pessoas talentosas como Mariana você conhece que se debatem com o insucesso, com a infelicidade? Bem, você poderia perguntar: "Insucesso na carreira, no trabalho, não significa insucesso na vida pessoal!? O que você acha?". Prefiro dizer que quando não extraímos de dentro de nós o valor da dignidade do trabalho – não mais o trabalho da época de Marx, ou de Ford e Taylor, mas o trabalho criativo – contradizemos a ideia de Freud de que quando sublimamos os instintos, encontramos a felicidade na obra, na causa, no amor ao trabalho, e somente isso nos remete à legítima felicidade.

Mariana é feliz no amor, nas relações humanas, nas amizades, na família? Olhando de fora, e acompanhando essa pessoa que admiro, posso assegurar: não é, pelo menos perante tudo o que poderia ser.

Quantas Marianas você conhece? O que falta, por que não se definem e se redefinem para si mesmas e para o mundo?

Há quinze anos, participei de um programa de formação de jovens talentos, numa grande corporação global. Tratava-se da busca por YBP, quer dizer *young bright people*. Jovens e brilhantes recursos humanos. Também batizados como *high potential*: pessoas de alto potencial. Todos estavam entre os 22 e os 25 anos, recém-formados ou no último ano da faculdade. Estive com cerca de quinhentos jovens. Minha missão era falar sobre maturidade no ambiente corporativo. Competição, cooperação. Desafios. Os que dão certo, os que jogam fora a vida e a carreira. Foram várias conferências de cerca de duas horas cada uma. Pedi ao pessoal dessa empresa que me informasse, com o passar dos anos, qual o destino, o que teria acontecido com esse grupo de quinhentos jovens, todos selecionados para uma promissora carreira.

Consegui acompanhar esses dados, ainda que à distância, pois permaneci com ligações e convívios com um dos executivos sênior da época, que muito progrediu e assumiu o mais alto posto da corporação. Os dados são reveladores e mostram quanto é fundamental para nossa vida a qualidade da atenção que depositamos na fé absoluta de que somos seres em contínua construção. Dos quinhentos, chegaram a postos de alto comando na companhia apenas 1%. Permaneceram na organização em postos de trabalho apenas 10%. E os demais 90%? Não há registro. Contudo, pelas dados informais, obtidos com membros da empresa, não se tem registro de nenhum dos 90% que esteja ocupando cargo elevado em organizações similares ou no mercado. Não se sabe deles. Procurei saber quem eram os 10% que permaneceram e cresceram, de onde vieram e, para minha surpresa, metade deles não veio das melhores escolas da época nem de famílias ricas; recordo-me de alguns deles, que me procuraram para saber mais e buscaram manter contato e trocar ideias após as palestras. A vitória não é dada ao arrogante, ao mais talentoso mas que não tem a humildade para aprender, ao presunçoso que não aprende rápido o poder das equipes e da cooperação, e isso tudo aliado a ousadia, visão sistêmica e a necessária dose de combatividade, agressividade competitiva.

Ao longo da minha vida de executivo, com passagens por cargos de presidência em empresas, associações, entidades de classe, em aulas como professor e consultorias, podemos contabilizar um número gigantesco de seres humanos que teriam tudo para ser grandes campeões, mas que se deixam ficar pelas beiras das jornadas, dominados pelos atraentes artifícios dos deuses das distrações. Arrumam brigas onde não deveriam brigar, conseguem criar inimigos onde não precisariam, negam-se a aprender o que deveriam aprender. Prestam atenção nas pessoas e nos profissionais errados, deixando de se aliar aos que progridem e atuam com vigor criador, e fundamentalmente se justificam colocando a culpa nos outros.

Faça agora um balanço de si mesmo, da sua história até aqui. E cuidado. Cometer erros novos faz parte do viver. Repetir os mesmos erros faz parte do morrer em vida. Procure pensar, refletir e identificar pessoas e situações com as quais você poderia ter aprendido muito, e não o fez.

E, como inspiração, revelando os caminhos possíveis, menciono o caso real do senhor Eduardo Ferreira do Amaral, de Ipameri, Goiás. Produtor rural há quarenta anos, ele é um verdadeiro guerreiro que aprende a cada instante da vida. Sua atividade é considerada exemplar, não apenas para si, mas orientando hortas comunitárias na cidade. Dele ouvi: "Um por cento inspiração e 99% de transpiração é minha lei e se eu mudar isso estou perdido". Quando perguntei: "Como você aprende, vive no estado da excelência no que faz, enquanto outros vizinhos estão atrasados em tudo?", a resposta foi "Sou iluminado, estou sempre ao lado de pessoas com quem só aprendo".

Fantasticamente simples, didático, pedagógico e fenomenal, senhor Eduardo Ferreira: ser iluminado por ter gente ao lado para aprender o tempo todo...

Pense nisso.

Agora me fale de você: tem tido o sucesso que imagina ou se sente com menos do que seu potencial permite? Se ainda é jovem, tem receio dos vestibulares, dos estágios, do primeiro emprego? Tem dúvidas sobre seus amores, suas paixões? Confesse se não se sente suficientemente amado ou amada por seus pais e seus parentes? Ou, ao contrário, de tão amado que é tem medo de desapontar esses seres queridos? E sobre a beleza? Tem uma autocrítica elevada? Não se sente suficientemente bela? Ou, se é homem, não se considera suficientemente bonito e atraente? Tem problemas porque gostaria de ter dinheiro para fazer correções plásticas, pagar academias caras, virar musa fit ou uma *it girl*? Ou um cara descolado, o cara da turma, ou um ídolo juvenil?

Se já é adulto, não se sente valorizado no emprego? Ou como empreendedor não vê as coisas irem bem? Tem angústias de realização pessoal e profissional?

Se já vive na idade da senioridade, tem arrependimentos, acha que tudo acabou, que não tem mais tempo para recomeçar?

O que você acha de você? Como define sua visão de sucesso, de busca de fama, riqueza, beleza, poderes? Eis a questão: como construir a arte dos grandes guerreiros dentro de nós, agora e já, a partir da circunstância em que vivemos, com a vida que temos?

Vamos juntos? Você também pode ser uma pessoa que já se realizou nos desejos e nas expectativas materiais e agora busca a elevação dos seus dons, da sua vocação, a busca por uma altura ascensional na órbita da espiritualidade. Que bom, isso significa que você já compreendeu a batalha terrena, as lutas das conquistas materiais, e quer agora se elevar e oferecer esses bens a sentidos superiores. Assim como Bill e Melinda Gates criaram, com o apoio de Warren Buffett, uma ONG que propõe que 50% de toda a riqueza dos mais ricos seja dada para a filantropia. Ou, para ficar apenas aqui no nosso país, como José Carvalho, em Pojuca, Bahia, que ofereceu 94% das ações que possuía para a

Fundação José Carvalho, e com isso consegue atender milhares de crianças no Ensino Fundamental do Nordeste, e como ele diversos exemplos que teimam em ficar no anonimato, mas que precisam, num tempo mediático, conquistar e ganhar muito mais visibilidade para a motivação para as lutas guerreiras evolutivas. Ao conversar com o doutor Aloysio de Faria, gênio empreendedor brasileiro (Banco Real, Grupo Alfa) com mais de 95 anos, sobre um projeto inspirado por ele mesmo, ele fez a seguinte observação: "Tejon, não esqueça da mídia. Sem mídia, ninguém sabe que isso está sendo feito". Estamos também na era da necessária "visibilidade competitiva".

Seja qual for a sua busca, vamos concentrar nosso foco, nossa paixão, nossa consciência no ato do vir a ser, do guerreiro que não nasce pronto; em aprender, a arte suprema e maior de todo ser humano na terra.

Desde já, fique atento a como a coisa grande tem total dependência dos seus mínimos. Quando comecei a escrever este livro, vimos o pior desastre ecológico do Brasil: o rompimento da barragem em Mariana, Minas Gerais. A barragem não se rompeu por falta de supervisão nas grandes estruturas. Infelizmente, isso se deu por falta de atenção na concentração de pontos mais frágeis de seu contexto. A gigantesca barragem se rompeu porque seu elo mínimo não tolerou. Não existe máximo sem o cuidado preciso do mínimo. Solidariedade para Mariana e profundo aprendizado são necessários. Atenção às nossas fragilidades, ao quanto toleramos a ausência de aprendizados mínimos para o viver. "Vencer a si próprio é a maior das vitórias", afirmou o filósofo grego Platão. Nossas forças máximas tendem a ficar claras para nós e os outros; nossas fragilidades e nossas necessidades mínimas nem tanto. Tem gente que não sabe ainda dar bom dia, boa tarde e boa noite, pedir por favor e dizer muito obrigado!!! Guerreiros não nascem prontos.

CAPÍTULO 2

DO QUE VOCÊ TEM MEDO?

"O homem é aquilo que ele acredita ser."

– ANTON TCHEKHOV

Os ricos não são o resultado do máximo, são o resultado dos mínimos. Que história é essa agora? Os ricos não são o máximo, o resultado do melhor, dos macros? Não. Pode analisar e ver quantos MCs do funk ficaram ricos com temas, letras e músicas extremamente simples, às vezes, de uma única frase, ou esse sucesso do Pikeno e Menor, produção do Kond Zilla. Sim, tem trabalho, esforço, captação do que rola na galera, design, estilo, gravação, shows etc., mas é simples. Não falamos das bachianas do maestro João Carlos Martins.

E fica aí a questão: como agem as pessoas que ganham muito dinheiro? Vamos eliminar desta conversa aqueles que recebem dinheiro ilegalmente e também o grupo dos megatrilionários, 1% da população que tem uma renda equivalente a 50% de toda a população. Vamos prestar atenção nos MCs funkeiros, nas blogueiras que vendem moda e dietas; naqueles que inventam um canal de relacionamento para você mandar fotos, que criam o Programa Maridos para ensinar esposas a salvar seu casamento ou qualquer coisa que tem espantado você como um negócio muito bem-sucedido. Estive em diversos encontros no MIT (Massachusetts Institute of Technology), no Media Lab, por exemplo, a convite de outro amigo nobre guerreiro, Rodrigo Mesquita, fundador da Agência Estado, nesse lugar que antecipava e onde se discutia tudo o que veio a ser, poucos anos depois, os Googles, Amazon Books e Alibabas do mundo, e aqui no Brasil os sites de classificados que destruíram a renda dos jornais como veículo para anunciantes de empregos e compra e venda de carros, e mesmo todo o negócio das listas telefônicas. Observe, não foi nenhuma megacompanhia de telecomunicações, ou editora de mídia, que se apropriou dessas inovações. E, como ironia do destino, eram exatamente essas organizações que financiavam o cientista norte-americano Nicholas Negroponte e seus jovens híbridos intercontinentais em Boston.

Como são esses MC$, *musiccomander for money*, pelo mundo afora e aqui do seu lado? Eles não são geniais, intelectuais ou modelos culturais. Não são pessoas que estão num patamar superior ao seu ou ao meu. Fazem as velhas coisas que já estão escritas em todos os livros de bom senso, autoajuda; não desistem, trabalham, conquistam etc., mas, observe bem, não há nada do outro mundo, de gênio de Einstein, da arte de Picasso, dos textos de Saramago, Dostoiévski ou Machado de Assis. Não são Lennon, nem Zeca Baleiro (que, aliás, odiava esse apelido lá pelas ruas de São Luís do Maranhão), nem Raul Seixas. E comece a explicar como Paulo Coelho tirou aquele coelho das cartolas bilionárias globais quando sentou e chorou na margem de um rio?

Você pode ganhar mais? Sim. Você pode comprar uma casa muito legal? Sim. Você pode ter um carro importado? Sim. Você pode... Sim, você pode tudo. Mas como? Primeiro, tirando da cabeça a ideia de que para isso você tem de ser especial, maravilhoso, sensacional e único.

Você precisa acreditar que pode mesmo não sendo o mais especial dos seres. Atuar com uma fé irremovível. Tácito, o historiador romano, escreveu: "Os homens dão mais fé àquilo que não entendem". Essa ausência de dúvida no que está fazendo transforma a costureira das colchas de retalho numa badalada *patchworker*. Transforma alguém que fazia bolos no astro Buddy Valastro. E alguém que como milhões de microempreendedores criaram uma *yellowpages* eletrônica no Jack Ma, o chinês recém-multibilionário. Ah, mas não se pode simplificar assim, tem muita gente que cria startups com convicção, com muito trabalho, e apenas alguns conseguem. Novamente, isole todos os fatores. Sim, o acaso está presente. Sim, as circunstâncias, o ambiente, a equipe, o com quem nos comunicamos, o próprio Twitter, o avião que pousou numa emergência no rio Hudson, nos Estados Unidos, fez exatamente daquele acidente a catapulta para estourar o Twitter, o microblogging de Jack Dorsey, Evan Williams, Biz Stone e Noah Glass. Mas vamos lá. Vamos olhar a coisa em si. Todos os casos de sucessos empresariais dos últimos vinte anos não são geniais em si nem foram inventados por pioneiros que romperam com tudo, como a eletricidade, os criadores da internet, da luz. Ao contrário: estudos de Harvard revelam que 97,8% dos negócios mais bem-sucedidos não foram feitos por quem os inventou de início, mas por imitadores. Velozes adaptadores que obtiveram êxito "errando menos". Ou melhor, não cometendo erros menores, erros nas questões mínimas. A grande ideia estava lá, aberta e disponível para todos. Quem as inventou não fez dela nenhum grande negócio. Isso foi feito por alguém que, mesmo contando com a tal da fé inabalável, não era nenhum gênio criador, disruptivo, sensacional, guru ou doutor da avançada ciência. Preste atenção nessas pessoas admiráveis, os MCs da vida mais próxima: eles fazem um básico bem-feito e não deixam furos. Quer dizer, eles interpretam que a menina quer ser toda-toda mesmo, eles atendem vontades imediatas e presentes no mercado, eles vendem, promovem e utilizam a mídia para obter visibilidade, marca, *brand*. A grande maioria dos ganhadores de dinheiro que conhecemos não é o máximo. Trata-se, na verdade, de pessoas que agem com uma fé inabalável e minimizam erros, ou a falta de atitude e de inteligência emocional. Com isso, deixam para trás muitos dos mais geniais criadores do universo.

Dessa forma, desmonte a ideia de que só espetaculares e gênios chegam lá. Não é verdade. "É nóis", como diríamos no popular. A Teleperformance, uma empresa global líder em operações de telemarketing com uma belíssima sede em São Paulo, me foi oferecida, enquanto diretor do Grupo Estado, ainda nos anos 1990, e não ligamos. Que erro! Fazemos isso aos borbotões. É simples, fácil, mínimos para os quais "não ligamos".

Você pode, porém, estar pensando assim: "eu estudei um monte, tenho 45 anos, ganho mal, não sou reconhecido". Excelente se você tem essa análise. E que essa análise seja certa e não desviada por percepções ilusórias. O que eu sou agora é sempre muito menos do que "quem eu sou". O que eu sou é menos do que "quem eu sou". Somos maiores do que o que somos. E o nosso poder vir a ser tem um lastro gigantesco de potencial. Você vai precisar olhar aquilo que você não está fazendo. E, com grande certeza, são coisas mínimas necessárias ao seu sucesso. Conheço ótimos profissionais que não investem nenhum tempo na convivência com suas associações profissionais. Imenso erro. Coisa dos mínimos. Outros não geram conteúdos, não criam artigos, não dão entrevistas, não gostam da visibilidade. Imenso erro. O que não é percebido não existe. Outros são muito bons, mas trabalham pouco. Acham que oito horas por dia bastam. Imenso erro. Uma coisa é certa, essas pessoas admiráveis trabalham muito e amam o que fazem. E adoram pessoas que trabalham muito e amam o que fazem. O velho Nishimura fundador da Jacto me dizia: "Tejon, quer progredir na vida? Trabalhe oito horas. Depois pense oito horas sobre como trabalhar melhor e depois sonhe oito horas sobre como fazer isso tudo melhor ainda".

Pelo que seus joelhos dobram? Quer dizer, o que traz a você tanto medo que faria seus joelhos se dobrarem?

Eu já senti muito medo de ser demitido do emprego. Passado o tempo, posso ver como era bobo. Do jeito que eu trabalhava, sem nunca pedir aumento, eu era o funcionário que qualquer patrão adoraria ter. Eu já tive medo de não ser amado. Passado o tempo, pude ver como era um medo insano. Já tive medo de não ter dinheiro para pagar as contas e criar os filhos; outro medo tolo que me trouxe angústias totalmente desnecessárias. Quando volto e olho no tempo, vejo um monte de medos que só existiram nos meus pensamentos, nunca foram reais, e então concluo: sofri muito mais com eles em pensamento do que na realidade. E aqui vamos refletir juntos: o que coloca medo em você? Acidentes traumáticos? Lógico, essa é uma preocupação justa. A morte de entes queridos? Filhos consumidos pelas drogas? Crises econômicas? A desvalorização do seu patrimônio? Solidão? Doenças? A criminalidade das ruas? Mosquitos? Também um medo justo, pois as estatísticas revelam que esses insetos são os maiores matadores universais do planeta, superando todas as demais causas, a ponto de a Fundação Bill e Melinda Gates dedicar foco e recursos no combate aos mosquitos. Sejam quais forem os seus principais medos escolhidos repito: sofri muito mais com eles em pensamento do que na realidade. Dessa forma, sabemos que o medo representa o antidignificante de uma vida humana. Se você deseja o mal, o pior para uma pessoa, um povo, um grupo, a primeira coisa a ser disseminada é o medo. Ele já assusta e cria poderes de humilhação e dominação sem que nada seja efetivamente feito. Hoje, com a capilaridade mediática, efeitos do medo são distribuídos, por exemplo, nas execuções de prisioneiros nas guerras de facções que são transmitidas pela TV e disseminadas pelas redes sociais. Não se trata de nada novo. No passado, o suplício era um espetáculo ao ar livre. Pessoas esquartejadas e queimadas vivas serviam de marcos veementes de exemplos enraizadores do medo. O primeiro passo do guerreiro consiste na distinção do que é medo *versus* o que exige atenção, respeito e sabedoria de enfrentamento. Logo, antes de tudo, o medo dos medos está no medo do enfrentamento de nós mesmos. Os mais sábios dentre todos os povos primitivos são os que prevalecem. As estratégias são nossos atos dignos na luta contra as inevitáveis incertezas. "A raiz de todos os males está no medo", assim afirmavam os jesuítas nas suas corajosas ações mundo afora, em meio ao inóspito, ao cruel, ao bárbaro, ao ignorante. Impressiona visitar a região das Missões, no Rio Grande do Sul, e investigar como era possível apenas três jesuítas liderarem reduções com aproximadamente 5 a 6 mil índios cada.

O medo pode limitar nossa liberdade, nosso grande sonho. O medo pode representar uma muralha impenetrável quando não passa de uma miragem. Para cada um dos nossos medos mais impressionantes, precisamos desenvolver estratégias de encorajamento, enfrentamento e soluções. E não me tomem por insistente, mas sim por persistente. Vamos encontrar as saídas na lei do mínimo. Nossos grandes sonhos serão limitados por pequenas atitudes que, quando não as realizamos, inviabilizam o atingimento do grande sonho. Não consigo me esquecer de uma passagem contada por Nando Parrado, um dos sobreviventes do acidente aéreo nos Andes, que foi objeto de livros e filmes por se tratar de uma história incrível de sucesso e superação. Um avião levando um time de jogadores de rúgbi caiu nos Andes, rumo ao Chile. Os sobreviventes, dezesseis, esperavam que as buscas os salvassem. Depois de dias, ouviram num radinho de pilha que as buscas haviam sido suspensas. Houve desespero. Contudo, Nando, um jovem sobrevivente, tinha um plano e o colocou em execução. Escolheu outro sobrevivente e os dois rumaram para o oeste, até o final dos Andes, no Chile, para buscar salvamento. O caso ficou muito famoso por eles terem decidido comer proteína na forma da carne dos que já haviam morrido, por não terem mais suprimentos. O que busco mostrar aqui, porém, é outra passagem, a qual considero vitalmente decisiva para o sucesso do resgate: uma decisão do mínimo trouxe a vitória máxima. Nando e o colega já caminhavam havia dias, descendo e subindo montes, entrando por vales, e o que viam, ao olhar para o horizonte, era sempre gelo, gelo, neve e mais gelo. O desespero e o desânimo da visão abateram suas esperanças, e certa hora Nando disse ao amigo que não ia mais continuar, pois andavam, andavam e tudo o que viam era mais gelo. Nesse instante, a liderança salvadora ocorreu. O amigo disse: "Vamos parar de olhar para o infinito. Não vamos mais olhar para a linha do horizonte. Vemos gelo e perdemos as esperanças. Agora, vamos olhar para cada passo, pé após pé...vamos andar olhando para nossos passos". Assim fizeram, e em dado momento perceberam um filete de água, uma gramínea, e então constataram estar chegando ao fim dos Andes. Se não fosse a decisão do mínimo, "olhar para cada passo", o grande sonho de atingir o fim dos Andes não teria sido realizado.

Nossos medos são venezianas íntimas que nos encerram em nós mesmos. Joseph Joubert, pensador francês, refletiu: "O medo depende da imaginação, a covardia do caráter", e São Francisco de Assis escreveu: "Aqueles que amam ser temidos temem ser amados, e eles próprios são mais medrosos do que todos, porque enquanto os outros homens temem apenas a eles, eles temem a tudo". Rickson Gracie, mestre do jiu-jítsu e um dos idealizadores do UFC, nos Estados Unidos, considerou: "Medo, todos têm. A diferença é que o covarde não controla o medo, e o corajoso o supera". Numa conversa que tive com Amyr Klink, o navegador brasileiro, perguntei a ele se não sentia medo quando cruzava, dentro de um barco a remo, o oceano Atlântico da África para o Brasil. Ele pensou e me respondeu: "Sinto medo quando planejo. No planejamento, não posso errar. Depois que entro com o barco na água, não dá mais tempo de ter medo".

Na história e nas lendas da humanidade, os grandes guerreiros, que já fizeram as guerras, sabem que elas cansam e buscam a paz. Não fazem isso por medo da guerra, simplesmente, fazem por sabedoria. Os jovens guerreiros buscam as guerras para exercitar suas profissões.

Estamos aqui, você e eu, ainda no início deste livro, e não quero, agora, tratar dos sábios e velhos guerreiros. Por enquanto, contradizendo meu querido amigo e mestre guerreiro Shinyashiki, que disse: "O sucesso é ser feliz", eu digo: "Ser feliz é ter sucesso". Depois tratamos do sucesso é ser feliz. Precisamos fazer as justas conquistas. Como nas fábulas, não vamos aprender nada da vida se não sairmos de casa, corrermos o mundo e um dia, ao retornar para casa, compartilhar com todos a sabedoria. O bom preparo, como disse Amyr Klink, estaria no melhor planejamento. Mas quando o pé for colocado na estrada, só nos resta uma coisa: ter saudades do futuro, do desconhecido e do porvir. Como se os navios já pegassem fogo na praia, entramos no ponto sem retorno. E sabedoria boa será aquela adquirida nas entranhas de cada um de nós. Sozinhos? Nunca seremos sós. Mesmo o náufrago Robinson Crusoé precisou do Sexta-Feira. Os guerreiros não nascem prontos, e a partir deste momento vamos depender da nossa capacidade de conquistarmos aliados e amigos e de formarmos a nossa legião cujo norte será o mesmo e cujos valores estarão em linhas paralelas. Não uma sobre a outra, mas paralelas, rumo ao mesmo infinito, preservando cada qual a sua identidade.

Vamos exterminar alguns medos mínimos que terminam por exterminar vidas, sonhos e gente valorosa. Alguns exemplos:

Você carrega o piano na sua empresa, mas tem sempre alguém que fica com os louros da vitória?

Oferecem promoção, mas você acha que não está preparado?

Há coisas erradas acontecendo e você tem medo de se posicionar?

Você considera que todos os conflitos são negativos e devem ser evitados?

Você adora conflitos, pois acredita que sem eles nada acontece?

Tem medo da competitividade?

Não acredita em cooperação?

Tem medo do ridículo, não se expõe e não mostra o que faz para ninguém?

Sempre se sente menosprezado e em lugares de menor importância?

Ganha mal, não acredita que pode ter uma remuneração bem mais elevada?

Por ser mulher, precisa ocultar o poder da sua feminilidade e parecer muito mais homem?

E, por ser homem, não pode deixar uma lágrima rolar?

E se você é um alto dirigente de uma gigantesca corporação e, com toda a justiça, tem medo dos riscos que corre, por aspectos da sustentabilidade ou do *compliance*? (Os riscos de um CEO e de um conselho de administração são muito mais elevados hoje, pela proliferação de sensores que passam a revelar o que antes era quase impossível de ser revelado, em minúcias e nos intestinos dos suprimentos, originação, acidentes de trabalho, tributação e toda complexidade legal etc.)

Esses são alguns medos e preconceitos que vivem arraigados em muitos de nós. Eu mesmo já tive parte deles e vi, com o passar do tempo, serem simplesmente resultados de crenças limitantes, fatores mínimos que não acessamos e, ao não acessá-los, desistimos dos nossos sonhos. Nunca se esqueça da passagem do Nando Parrado: havia um grande sonho, chegar ao final dos Andes e depois voltar para salvar os demais. Quando ele e o outro sobrevivente iam desistir, decidiram parar de olhar para a visualização do sonho, o fim dos Andes e a vegetação do Chile, e começaram a olhar para os passos.

Ações mínimas, que todos podemos fazer, devem ser realizadas desde já, para enfrentamento dos medos. O doutor Ivo Pitanguy, com quem compartilhei um evento na cidade de Ravello, na Itália, dizia: "Ter medo não ajuda a viver".

E ter preparo científico, tecnológico, auditores, além de andar pessoalmente por todos os locais da empresa, se você é um presidente inteligente, ajudará em muito para auscultar e evitar desastres ao longo de toda a cadeia de valor de sua organização. Não são os líderes menos experientes que participam das grandes derrocadas empresariais, são exatamente os capitães mais velhos e confiantes que afundam os navios inafundáveis, os "titanics" dos negócios. E o motivo, aqui, é exatamente a Lei do Máximo, de Voisin, que diz: "O excesso de um ingrediente reduz a eficácia dos demais e diminui os resultados", nesse caso, o excesso de confiança. A experiência também mata. E a lei do mínimo vem do agrônomo Liebig, que descobriu estar no nutriente que falta numa planta, a impossibilidade de ela atingir o seu máximo potencial genético. Para nós, humanos, a lei do mínimo significa dizer que "o fator limitante do nosso sucesso será aquele que não se apresenta em condições mínimas, e isso impossibilita ascendermos ao nosso máximo". Um exemplo? Simples: achar que sabe o que não sabe, e não aprender com quem sabe. Coisa simples. Cesar Camargo Mariano, maestro, arranjador, foi marido de Elis Regina, disse-me que quando percebeu que para continuar na profissão precisaria entender e aprender TI, computador, softwares e que os arranjos seriam feitos nos notebooks, quase enlouqueceu. No entanto, lutou consigo mesmo e aprendeu. O mínimo para o maestro Camargo Mariano estaria no negar-se a aprender a nova tecnologia. Aniquilaria o seu grande máximo extraordinário para a música. Vivemos de vencer mínimos, para atingir o máximo que vive dentro de cada um de nós.

CAPÍTULO 3

MATE SEUS GIGANTES IMAGINÁRIOS

> "'Os gigantes eram apenas homens que usavam muitas peles, adereços como chifres e aprenderam a andar sobre pernas de pau – os homens primitivos os chamavam de gigantes, mas eles eram de fato apenas outros homens camuflados', assim a ficção é criada, e o poder do medo, instalado."
>
> – GEORGE R.R. MARTIN – *O MUNDO DE GELO E FOGO*

A história humana prova que os povos trazem a perdição sobre si mesmos por suas crenças. E o medo fazia com que reis matassem todos os pedreiros e construtores dos seus palácios, para que não pudessem contar a ninguém suas passagens secretas e seus segredos. Da mesma forma, o medo termina por gerar a ira e o sangue.

De medo morriam as moças ocidentais, já nos anos 1960, se não fossem mais virgens para poder casar, e de medo morriam os pais mantendo os filhos presos com medo da morte sozinhos, sem ter quem cuidasse deles. Por medo, e não por coragem, alguém mata outra pessoa, alegando seus motivos, sejam utopias religiosas ou políticas; da mesma maneira que um ladrão incompetente e medroso, que nem sabe roubar, atira com medo de errar. E também por medo do porvir, por medo de não ter, por medo de não ser alguém, o corrupto rouba, engana e corrompe pelo simples medo de a coragem não prevalecer.

Quando vemos alguém arrogante, com certeza ali está uma armadura escondendo alguém com muito medo de se relacionar. Quando observamos alguém acusador, em estado permanente contra o próximo, eis ali um ser humano com muito medo de virar o alvo. Quando encontramos o medo pelas mudanças na economia, na sociedade, nos conflitos, assistimos ali à incapacidade da transformação de todos esses riscos nas legítimas oportunidades que eles permitem. Dessa forma estão no medo, no aprender a partir do medo, os passos vitais da transformação dos guerreiros. Os que se escondem pelos cantos, procurando passar pela vida sem serem vistos, ouvidos ou percebidos, acreditam no medo como fonte única da estratégia para sobreviver. Alguns dizem, quando perguntados sobre o que querem da vida: "Apenas sobreviver". Com esses, até o medo morre de medo de conviver.

Precisamos distinguir dois tipos de medos para poder curá-los:

1. Medos reais e racionais;
2. Medos imaginários.

Os imaginários são horríveis, por serem geralmente amplificações de algum medo com base na realidade, mas carregado de distorções. Um exemplo? Eu mesmo.

Como queimei o rosto aos 4 anos, tinha um medo enorme de não ser aceito na sociedade e nas empresas para trabalhar; temia, enfim, que a ausência de beleza representasse uma barreira imensa para minha felicidade, inclusive no amor, na relação com as moças. Logo, eu não havia inventado a "feiura" do meu rosto, isso era real. Contudo, daí para a frente, tudo não passava de uma imaginação amplificada e tenebrosa de temores fantasmagóricos. O que eu fiz para eliminar esse medo da minha cabeça, e até ao contrário, transformar o que seria uma fraqueza numa força desconhecida? Este é o tema deste livro: guerreiros não nascem prontos. Em primeiro lugar, minha mãe adotiva não permitia nunca que eu me envergonhasse. Isso sempre foi um fundamento marcante, presente e permanente. Dona Rosa não admitia a ideia de que eu não era o mais lindo pequeno príncipe do planeta. "Tá bom", eu pensava, "ela é minha mãe, mas não é assim que pensa a Liliana, a linda filha da vizinha, ou a Emilinha, filha do seu Pontual e da dona Eulina, e toda a galera do bairro e da escola!". Contudo, de qualquer jeito, a voz e a palavra da minha mãe ecoavam sempre, mesmo sendo quase a única ao negar a feiura de um rosto queimado. O que fiz daí para a frente foi dar atenção a outras vozes que apontavam na mesma direção. Quase como se eu estivesse editando um noticiário e fosse o responsável pelas matérias que seriam veiculadas na televisão, no rádio... no caso, a minha própria mente. Quando eu tinha 12 anos, tia Geralda, uma enfermeira de alma sublime do Hospital Brigadeiro, me dizia: "Menino, você sabe ler muito bem, tem voz linda, dando um jeitinho nesse cabelo e com uns óculos bonitos, vai dar trabalho para as meninas". Eu não tinha certeza de que aquilo era exatamente uma verdade verdadeira, ou um carinho motivacional, mas mesmo assim, *pluft*, ia para dentro da minha cabeça – um gol a mais contra o fantasma do medo da rejeição pela queimadura. Como passei um bom tempo em hospitais, guardo a lembrança de outros pacientes fantásticos. Um deles era de Araras, interior de São Paulo, e dizia ser aquela cidade a mais linda do mundo, pois tinha árvores nela toda. Ele amava Araras, e esse homem me dizia sempre: "Rapaz, um homem vale pelo seu caráter, pelo seu trabalho, pelo que faz, e não por marcas no rosto". E assim era mais um gol contra o medo da rejeição. Eu me recordo que ao longo da infância eu colecionava essas mensagens. A amizade das primeiras amigas meninas. A amizade dos amigos da minha rua. Contudo, não pense que não havia, na contramão disso tudo, muito *bullying*, xingamentos e menosprezos. Além disso, havia também a indiferença, o passar e ser ignorado, os olhos virados para a outra direção para não me ver. Amiga leitora, amigo leitor, estou indo a fundo nesse exemplo de um medo com base real, e possível de ser ampliado, para inspirar você a meditar e refletir sobre o seu caso. Se você o sente, esse medo existe e é verdadeiro para você. Portanto, precisamos relativizar esse ponto e extirpar dele o que não tem de realidade. Agora, observe, todo medo termina por receber palavras e olhares de outras pessoas que servem tanto para o maximizar quanto para o transformar. "Mutar", eu preferiria. Assim, na formação dos nossos guerreiros interiores, preste atenção em quem você presta atenção. É necessário haver dentro de você um querer ascensional, uma vontade sublimadora. Isso fará com que o placar desse jogo seja favorável ao seu sucesso. Então eu ouvia muita besteira. "Tiravam sarro", como se dizia na época. Mas eu guardava – e preferia guardar – as coisas gostosas. Um dia na feira, assim que retornei do hospital, minha mãe me fez prestar atenção na escolha das batatas, e não no burburinho das pessoas vendo um menino queimado. Eu aprendi, sem saber, a prestar atenção nas batatas. E foi exatamente isso que construiu dentro de mim uma visão e uma ação que terminaram refletindo no lado de fora. Freud explica, como já salientei antes, que ao sublimarmos nossos instintos podemos enfrentar quase todo infortúnio do destino, e fazemos isso com o amor ao trabalho, a uma causa, a uma obra. Dessa forma, a superação desse medo do meu rosto desfigurado se deu, ao final, através da consciência de criar obras. No início através da música, nos festivais de que participei. Depois criando músicas para teatro, conquistando o primeiro prêmio marcante da minha vida, com reconhecimento público, e daí para a frente sempre com a criatividade em tudo o que fazia. Ou seja, a beleza das obras sublimava a feiura do rosto. Eu já não me via mais com esse medo. E esse medo nunca mais atrapalhou nada na minha vida após meus 15 ou 16 anos. Nunca mais vi *bullying*, rejeições, discriminações, falta de amigas, amigos, namoros, casamentos. "Ah, Tejon, isso deve ter existido, sim", você poderia argumentar. E eu diria, sim, muito provavelmente, mas não me interessava. Aprendi que, como guerreiros, não nascemos prontos, e os desafios superiores são aqueles que permitimos vir morar no centro da nossa casa, no meio do nosso cérebro, e impedir nossa alma de ser livre. A queimadura no rosto seria um bom motivo para um fracasso quase total na vida. Entretanto, não foi; ao contrário, serviu de patamar para novas criações (a saga do castor *versus* predador) e, com certeza, para a recriação de mim mesmo. Quem não tem rosto bonito se vira criando a beleza em alguma coisa. Tsunessaburo Makiguti, educador japonês, define superação de maneira magistral: "Superação é criar valor a partir da própria vida, sob quaisquer circunstâncias, e valor é o belo, o útil e o bem".

Ser guerreiro significa aprender, aprender e aprender a aprender. Sempre. Isso quer dizer superar sempre.

Vamos, porém, voltar para outros conselhos que são de ouro, cuja falta pode estar impedindo sua ascensão mais veloz e rica na vida.

- No emprego, na carreira, trabalhe como se fosse o dono da empresa. Isso será de uma utilidade imensa. Assim, se um dia você abrir o seu próprio negócio, já saberá como é ser dono. Descubra como se perde ou se ganha dinheiro na empresa em que você está. Descubra os riscos das tomadas de decisão, e agora mais do que nunca envolvendo a sustentabilidade, o meio ambiente, a responsabilidade social e o capitalismo consciente.
- Não tenha um emprego só. Faça mais coisas. Tenha sempre um trabalho voluntário, idealmente ligado à sua categoria profissional. Participe do associativismo. Contribua com a formação de novos talentos. Dê

aulas, escreva artigos. Crie seu site, seu blog. Distribua conhecimento. Esse semear retorna para você, tenha certeza disso.

- Faça amigos. Fuja da ideia de ter inimigos. Alguns surgirão inevitavelmente nas lutas competitivas do viver; mas que sejam poucos. E aprenda a perdoar. Não ganhamos nada alimentando energias negativas contra inimigos. Não confunda dissidentes com inimigos. Podemos conviver com pessoas que não concordam conosco, mas não devemos tratá-las como inimigas. Podemos não gostar nada de algumas delas, mas admirá-las e concordar com o que dizem. E podemos amar imensamente outras e não concordar em nada com o que dizem.
- Se você ganha pouco dinheiro, precisa colocar esse aspecto nos seus planos de negociação. Provavelmente você é uma pessoa apaixonada pelo que faz, encantada com o resultado do trabalho, e não valoriza a negociação, a remuneração de suas realizações. Veja qual o valor do que você entrega no mercado e busque estar no quadrante superior. Desenvolva carreiras novas. Se você vive numa grande corporação, aproveite para experienciar novos desafios, aprender com outros países, filiais. E, acima de tudo, no que diz respeito à sua carreira, decida, escolha e eleja um mentor. Você precisa dele e, assim como qualquer guerreiro que vai ao futuro, não o fará sem um mentor.

Veja que os medos, para serem enfrentados, precisam ser transformados. Eu prefiro dizer "mutados". Eles entram numa caixa onde está escrito *Deleted items*. Simples assim. Mas como toda lei *simplicity*, ela exige descomplicar o complexo. Então vamos ao "mínimo" de novo. Elabore quais são os três passos mínimos para "mutar" medos em poderes.

Não significa negar sua existência. O medo existe; o erro está na sua amplificação.

Não significa não ouvir o canto das sereias. Existem as maledicências, as agressões e mesmo bem-intencionados que nos desmotivam sem querer. Aqui se trata de saber que o canto da sereia está lá. Como na *Odisseia*, Ulisses não se nega a ouvir esses cantos, porém pede para ser amarrado ao mastro do navio e que não o soltem sob nenhuma hipótese ou pedido dele próprio. Essa força íntima exige saber do mal, estudar o mal, compreender o mal, mas ter os valores interiores para as escolhas, e sobre os medos guardar dentro de si vozes que nos orientam e alinham, além de nos darem astúcia para uma jornada de vitórias. O mal não está em estudar e aprender com o mal, o mal está na sua negação. O medo é um potencial gigantesco para o crescimento.

O que é preciso instalar na nossa vida já, aqui e agora, para realizarmos as fundações do nosso guerreiro, que não nasce pronto, mas precisa ser construído a cada instante?

Precisamos ouvir a voz interior do nosso pai, da nossa mãe. Um guerreiro é a elevação da alma. Lutar é uma busca olímpica pela perfeição. Perseguir uma vida de precisão é sem dúvida uma nobre missão. Nas lendas, falava-se que o "canto dos cisnes" simbolizava a morte. Mas esse canto significava, de fato, a ascensão aos céus de valorosos guerreiros. Suas almas cantavam, seus corpos não mais.

A busca do pai interior, da voz materna, deve ecoar sempre acima de todos os "burburinhos das feiras livres do viver". Muitas coisas ocorreram para expulsar o medo da queimadura do meu rosto. Contudo, a lei do mínimo, aquela que dava lastro para todas as demais ações, estudos e superações guerreiras, era a voz simples e plena de fé da minha mãe, repetindo no meu ouvido de criança: "Você é meu príncipe, vai ser o homem mais bonito do mundo".

Nikos Kazantzákis nos ajuda, explicando: "Existe coisa mais verdadeira que a verdade: a lenda. Ela é que dá sentido eterno à verdade efêmera".

Eu acreditei na dona Rosa. Que bom.

Qual é a sua lenda? Pare, pense, registre.

Quero aqui contar para você sobre ser um castor *versus* um predador.

No livro *De onde vêm as boas ideias*, Steven Johnson retrata assim esse animal: "O castor constrói uma represa para melhor se proteger dos seus predadores. Mas essa engenharia tem o efeito emergente de criar um espaço em que martins-pescadores, libélulas e besouros podem obter sustento". Uma das certezas que já temos na vida, sobre a formação dos guerreiros, é que quando passamos a atuar não apenas por nós próprios, nossas obras ajudam a criar novos níveis, novas plataformas, novos ecossistemas dos quais muitas pessoas podem se aproveitar. Dessa forma, o castor representa o poder de mudar ambientes, e com isso ele atrai outros seres da fauna. Por exemplo, os pica-paus surgem em seu ambiente para abrir ninhos em árvores que foram transformadas em diques de represas, e patos e gansos se instalam em tocas abandonadas pelos roedores. Ao viver, e para levar a sua vida, o castor cria condição de vida para muitos. Esse bicho é considerado um engenheiro, madeireiro e carpinteiro. Nas casas que constrói no meio das águas, forma suas barragens e, com isso, a mutação e a criação de um ambiente para muitos usufruírem. Os castores ficam por muitos anos nessas casas, e as fêmeas, que nessa comunidade lideram o grupo, realizam os consertos na primavera. O inimigo do castor é o lobo. E para fugir desse predador ele precisa da água e do talento do mergulho.

O castor nos ensina uma ótima lição. Para sua segurança e qualidade de vida, ele termina por criar a vida para muitos. E, para se proteger do seu predador natural, faz sua casa no meio das águas. Fica aqui uma reflexão para nós. Quais vidas a mais estamos construindo ao cuidar da nossa? E, afinal, quem são os nossos inimigos, os nossos predadores?

O castor é um animal inofensivo. No passado vivia em abundância por toda a Europa e Ásia. Hoje, vive apenas onde está sob proteção: aqui na França, onde escrevo boa parte deste livro, numa parte do rio Rhone, na Alemanha, na Escandinávia, na Polônia e na Rússia.

O guerreiro castor conseguiu superar seus predadores naturais, menos o próprio homem. E hoje só sobrevive onde é protegido.

As maiores lutas de cada um de nós residem dentro de nós. Os nossos predadores somos nós mesmos. E os nossos castores somos nós mesmos. Não nos tornaremos guerreiros prontos se não construirmos ecossistemas que nos protejam dos nossos predadores. Não são apenas os lobos que só sabem ficar nas margens das represas sem jamais mergulhar. Estamos falando aqui de vaidade. Quantos morrem pela vaidade de alguns? Essa era uma questão filosófica das guerras, dos atentados. E dentro da nossa própria represa, dentro da nossa casa, quanto morremos, ou deixamos de viver, pelas vaidades vivas dentro de nós?

Matar os gigantes imaginários e invencíveis, na aparência, representa jogar fora a loucura da vaidade. O fraco e oprimido é vaidoso, pois se não o fosse teria a humildade inteligente libertada para aprender com os fortes. Se não fosse vaidoso, teria a humildade inteligente de conviver na cooperação. Se não fosse vaidoso, teria a liberdade inteligente de criar e trabalhar. O rico vaidoso é um pobre fraco e oprimido. Vítima da vaidade, apieda-se de si mesmo e instala-se na própria casa dentro da represa bem guarnecida e fortalecida com o exército de parentes vaidosos, para consumir e roer toda a sua riqueza não mais de fora para dentro, mas de dentro para fora, pelos predadores.

CAPÍTULO 4

O MUNDO LÁ FORA BATE À NOSSA PORTA, QUER ENTRAR E VEM NOS INCOMODAR

"Ser gênio é fácil, difícil é encontrar quem reconheça."
— MILLÔR FERNANDES

Se você não se incomoda com o mundo, não me interessa, pois o mundo vai incomodá-lo. E o guerreiro será o que sobrar desse incômodo. No término dos anos 1870, o doutor Stéphane Tarnier, obstetra francês, vivia incomodado com um fato chocante da época. A cada cinco bebês nascidos, um morria antes de engatinhar. E quando se tratava de crianças prematuras, era muito pior: 66% dos bebês com pouco peso faleciam. Um dia, passeando, ele viu uma dessas chocadeiras de ovos – um local que, mantido aquecido, chocava os pintinhos com o calor. Com o incômodo da mortalidade dos bebês na mente, construiu uma "chocadeira para bebês prematuros", a incubadora. E, a partir da solução de um incômodo de Tarnier, obteve-se uma redução de 75% na mortalidade infantil entre 1950 e 1988, adicionando-se a oxigenoterapia, o problema estava na manutenção da temperatura para salvar essas vidas.

Na história da Apollo 13, um vital e descomunal incômodo ocorreu no retorno dos astronautas (a história foi retratada no filme dirigido por Ron Howard). O desafio era fazer de improviso um filtro de dióxido de carbono, caso contrário, os tripulantes envenenariam com sua respiração o ar dentro do módulo lunar que estavam usando para voltar à Terra. Uma vez identificado e localizado o incômodo, a solução veio através do seu enfrentamento com foco no problema extremamente bem explicitado. Chamaram um grupo de técnicos, batizado de Tiger Team, e eles precisavam desenvolver um filtro com somente aquilo que havia disponível no módulo lunar. E felizmente tiveram sucesso. Os incômodos, na maioria das vezes, não podem ser resolvidos por apenas uma pessoa; é preciso de um time. E guerreiros aprendem, na jornada, sobre a gigantesca dependência que têm dos companheiros de jornada. Num momento como esse, não é o mais forte fisicamente que resolve, nem mesmo o que tem a maior sabedoria em computação ou em mecatrônica – pode ser aquele que sabe, como nenhum outro, montar e desmontar uma cafeteira. O incômodo, porém, precisa incomodar para o guerreiro despertar.

Lá pelos idos de 1494, os comerciantes precisavam controlar seus negócios. O incômodo sobre o tema era significativo. Como saber antes se teriam lucro, para evitar prejuízos? Então um monge franciscano, incomodado com isso, inventou o método da dupla entrada: a contabilidade. Luca Pacioli não foi um Michelangelo nem um Leonardo da Vinci, mas foi o responsável pela criação de uma peça fundamental do capitalismo: a contabilidade de dupla entrada.

No entanto, incômodo pouco é bobagem. Ele precisa incomodar mesmo para movimentar as pessoas. Um exemplo marcante de um incômodo não suficientemente incomodante ocorreu no atentado às Torres Gêmeas em Nova York. Ken Williams era um agente do FBI que, incomodado com a observação de alguns indivíduos, como Zakaria Mustapha Soubra, um estudante de engenharia aeronáutica que também fazia curso de pilotagem de jatos comerciais e que tinha fotos de Bin Laden em casa, disse considerar os ataques sofridos pelas embaixadas dos Estados Unidos no Golfo Pérsico e na África como "alvos militares legítimos do Islã". Isso fez com que Williams escrevesse o seguinte comunicado para seus superiores: "O objetivo desta comunicação é informar a agência de Nova York sobre a possibilidade de um esforço coordenado, da parte de Osama Bin Laden, para enviar estudantes aos Estados Unidos a fim de frequentar universidades e faculdades de aviação civil". Ninguém ligou para a comunicação. E exatamente um mês depois Zacarias Moussaoui entrava para a Pan Am International Flight Academy. Da mesma forma, algo nesse aluno incomodava os instrutores da escola. Comunicaram novamente o FBI. Mas o incômodo não perturbou suficientemente toda uma rede hierárquica, vertical e horizontal. Assim sendo, o poder da centelha do primeiro incômodo não foi suficiente para incomodar os demais. E todos sabemos o que ocorreu no dia 11 de setembro de 2001. Os incômodos que o mundo causa, ao bater e entrar na sua casa, não são, por si sós, maus. Costumam ser sinais relevantes para formar guerreiros. Trabalhar com os incômodos do mundo não significa saber trabalhar só. A complexidade da nossa vida vai exigir cada vez mais formar guerreiros à nossa volta, seja na família, seja na empresa, seja na escola, seja no time. Minha esposa ama um Golden Retriever, lindo cão chamado Zeca. Adora sair para passear com ele. A raça muito alegre, festiva a todos encanta. Eu sempre digo, leve ele na coleira curta. Cuidado. Ele pode se soltar, atravessar a rua e ser atropelado. Conselhos assim costumam entrar por um ouvido e sair pelo outro. E não deu outra. Um dia, o cão escapou e foi atropelado. Para o bem geral e felicidade da nação familiar escapou com vida e sem nenhum problema grave. De que serviu esse incômodo? Uma benção na forma de um aviso que jamais passará despercebido doravante nas caminhadas da Adriana, com o festeiro cão Zeca. Prese atenção e transforme incômodos em novos saberes e conhecimentos.

Outro exemplo genial de como os incômodos do mundo, e mesmo os nossos erros, nos fazem criar soluções incríveis é o de Johannes Gutenberg. Sim, ele mesmo, o criador da prensa de tipos móveis e da imprensa, que revolucionou completamente a história da humanidade. Ele estava profundamente incomodado, pois havia falido seu negócio anterior. Fabricava espelhinhos. A ideia era vendê-los a peregrinos, mas com a peste bubônica os clientes não apareceram. Então, pensou em entrar para uma indústria promissora, a do vinho. Uma tecnologia nova despontava: esmagar as uvas não mais com os pés, mas com uma prensa. Isso aumentava a velocidade e a produtividade. Mas, incomodado com a necessidade e a oportunidade comercial que havia para imprimir e vender muitas Bíblias, ele adaptou o tipo móvel inventado por um ferreiro chinês, PiSheng, àquela ideia da prensa do vinho. Dessa forma, do incômodo de passar a produzir mais vinho em volume e escala, Gutenberg passou a produzir Bíblias e livros em volume e escala.

Ali estava instalada da mesma forma a lei do incômodo. O cientista britânico Tim Berners-Lee nunca imaginou o que a web que havia criado viria a ser. Ele estava preocupado em resolver um incômodo que era dar velocidade e transparência a conteúdos acadêmicos. Queria compartilhar pesquisas em hipertexto.

Então não esquente com os incômodos. Eles existem, e o mundo estará sempre batendo na sua porta, pedindo para incomodar.

Você e eu vivemos aqui, agora, neste mundo. Existe muita coisa que incomoda a mim e a você, a todos nós. Guerreiros não nascem prontos. É preciso compreender que o medo é útil, desde que não nos faça morrer de medo. É necessário entender que a vaidade mata o seu castor humano dentro de suas barragens. É importante prestar atenção em tudo o que nos incomoda, pois isso pode representar grandes oportunidades em nossa vida para começarmos a agitar, motivar e libertar o guerreiro criativo que existe em todos nós.

Então vamos ver quais são os maiores dramas e traumas do mundo em que vivemos: o Monday Morning Global Institute pesquisou 5.500 líderes globais que apresentaram 22 grandes riscos, gigantescos incômodos para a humanidade. Com certeza, você vai se reconhecer em alguns ou em muitos deles:

1. Desemprego e subemprego
2. Pobreza
3. Baixa qualidade da educação
4. Desigualdade econômica
5. Fome e subnutrição
6. Emissão de gás carbono na atmosfera
7. Desigualdade no acesso a água, energia e saúde
8. Recursos escassos
9. Falta de água potável
10. Crescimento do crime
11. Mudanças climáticas
12. Desertificação, degradação do solo e perda da biodiversidade
13. Doenças não transmissíveis, como câncer, diabetes, cardiovasculares etc.
14. Investimentos em infraestrutura
15. Incompetência governamental
16. Degradação das regras e das leis
17. Resistência a antibióticos
18. Doenças transmissíveis, como aids, ebola, zika, dengue etc.
19. Migração urbana

20. Urbanização insustentável
21. Serviços públicos
22. Desigualdade de gêneros

Talvez você possa acrescentar outros itens a essa lista global, como aumento do preço do tomate, conviver com o irmão desagradável, aguentar chefe chato, levar bronca da mãe depois dos 40 anos, pagar pensão alimentícia para três ex-esposas, ou três ex-maridos, ter de ver e ouvir propaganda política gratuita, aguentar a celebração do campeonato do time de futebol adversário no salão de festas do seu condomínio, ter filhos velhos dependentes eternos, assumir o papel de mãe e pai quando já virou avô ou avó, ou aos 17 anos ter de cuidar de adultos da família que resolveram dar um tempo sabático e mandaram você se virar...

E, como guerreiros não nascem prontos, esses desafios, todos eles, são incômodos justos, escadas e meios pelos quais precisamos aprender a olhar, aprender a fazer deles os nossos saltos para o sucesso, uma melhor renda, alegria e poder sobre nossa vida.

No mundo dos líderes globais da pesquisa do Monday Morning Global Institute, os mesmos entrevistados apresentaram as grandes oportunidades para a carreira e os estudos e para empreender. Aqui está a lista deles – ela poderá inspirar você a perseguir uma ou muitas delas cruzadas entre si:

1. *Smartfarming*: a nova tecnologia aplicada na agropecuária.
2. Trabalho no mercado digital: você pode procurar trabalho no mundo todo, e o talento virou agora uma propriedade global.
3. Aprender como as habilidades se unem às outras: ou seja, estudar e atuar com multidisciplinaridade – é a logística e a integração dos conhecimentos.
4. Reduzir o desperdício de alimentos: afinal, cerca de 30% da comida do mundo vai para o lixo.
5. Criar comida livre de antibióticos.
6. Atuar na regeneração da economia dos mares.
7. Desenvolver um novo modelo de negócios para antibióticos.
8. Mobilidade flexível nas cidades.
9. Novas dietas alimentares.

10. *Futurepreneurs*: não procure emprego, procure empreender.

11. Alternativas de transporte de massa.

12. Trabalhar para diminuir a poluição dos oceanos.

13. Criar atividades para um oceano inteligente.

14. Desenvolver transportes leves e fáceis nas cidades.

15. Tratamento médico de precisão.

Como podemos ver, grande parte das novas oportunidades para os próximos cinquenta anos não está nas mesmas áreas do passado nem nos empregos e carreiras da antigamente. Grande parte das oportunidades para nossa vida profissional e nossa carreira está em novos trabalhos que estão sendo criados.

Então, amiga leitora, amigo leitor, já estamos caminhando na busca desses nossos heróis íntimos. Eles não nascem prontos. As provocações do mundo lá fora são fundamentais. Por isso, gostar do incômodo que as mudanças provocam, que as mexidas na economia, na política, na tecnologia, na sociologia causam, representa a maneira pela qual jogaremos para fora de nós o peso que não nos interessa. Esse peso é tudo aquilo que nos tira a chance de melhoramento. E para irmos ao encontro dessa melhora na nossa qualidade como seres, dessa lapidação, o abrasivo das lixas do viver, os erros e os incômodos precisam ser "mutados" para um "Oba, posso encontrar nisso muita coisa boa para fazer".

Alexandre Costa, criador da Cacau Show, fez quase tudo errado no início, mas desses erros surgiu a preparação do guerreiro. Carlinhos Brown criou um guerreiro virtuoso e impetuoso a partir da sua irreverência única e da sua transparência de alma. Madeleine Lascko foi aprender nas duras realidades da vida e da África, e hoje continua aprendendo no *Radioatividade*, da Jovem Pan, todas as tardes. E Ed Ribeiro, o artista plástico das tintas livres, virou aprendiz de guerreiros inimagináveis e hoje expõe na ONU.

"Os heróis são os que convencem pessoas a deixarem de lado suas disputas e se unirem para cantar a canção secreta que traz a luz de volta", George R. R. Martin. Então vamos lá, começar a pegar esse seu herói pela mão. A primeira parte desse aprendizado está na lei do mínimo. Então, o que não permite nosso crescimento na vida costuma ser muito mais uma reunião de fraquezas na qual sempre tropeçamos, e repetimos, do que nossa grande força. Conheço uma talentosíssima executiva formada em Harvard, com uma tese de doutorado genial, que é hipercompetente na sua função técnica, mas é uma fracassada na carreira. Por quê? A lei do mínimo. Ela tem uma imensa incapacidade para se relacionar de forma amigável nas empresas. O que sempre derruba a felicidade dessa pessoa é a incompetência comunicacional; ela não sabe constituir uma equipe e ser membro de equipes. Conheci outro extraordinário engenheiro, um conhecedor fantástico da sua área, mas com uma carreira limitada. Por quê? A lei do mínimo. Esse amigo não suportava a diversidade, tinha uma baixíssima abertura cultural e por isso não assimilava as rupturas que surgiam nas novas tecnologias. Conheço pais e mães que amam suas crianças, mas vão tendo insucesso ao longo da criação. Por quê? A lei do mínimo. Por exemplo, colocar limites, ensinar desde pequeno suas responsabilidades, fazer com que a criança aprenda a resolver seus pequenos problemas infantis com outras crianças por ela mesma. Ou seja, aquilo que nos falta rompe o dique da nossa vida. Aquilo que nos falta não permite que a jarra do chope fique cheia. Aquilo que nos falta, como o biólogo alemão Justus Liebig descobriu para as plantas (o desenvolvimento do vegetal ficará limitado por aquele nutriente deficitário, mesmo que todos os outros estejam presentes), costuma representar a grande parte do nosso insucesso. Guerreiros aprendem, cuidam dos seus mínimos, para que o poder de seu principal talento possa brilhar.

E precisamos cuidar agora dessas feridinhas mínimas na sua vida. Não se preocupe agora com o grande talento, o superdom, a espetacular vocação. Vamos ficar de olho na coisa simples que falta em você, que não está consciente em você e que sempre trai a sua vida. Na escola, eu ia muito bem em ciências humanas, médio em algumas áreas de exatas e sofrível em física, por exemplo. Então o que eu fazia? Simples. Pedia para estudar com meus colegas ótimos alunos em física e sempre conseguia passar de ano. Não com nota 10, mas o suficiente para passar de ano. De nada adiantaria ser o melhor aluno do colégio em redação, história e filosofia, e não passar de ano em matemática, física e química, por exemplo. Então qual era o mínimo que eu precisava cuidar? Não ser vaidoso, ser humilde e saber pedir ajuda aos melhores naquilo que eu não tinha dom nem vontade de desenvolver. Precisava então cuidar desses furos para que minha jarra onde fosse bom, superávit, não se esvaziasse pelos buracos dos meus déficits. Você precisa trazer à luz da razão pelo menos três fatores mínimos que se repetem e que têm impedido o seu potencial maior de crescer. E esses mínimos precisam ser razoavelmente trabalhados para não impedir o seu progresso na vida. Vamos lá, quais são? Preguiça, desleixo, não saber falar em público, ser ruim de contas, não saber usar a calculadora financeira, não conseguir chegar na hora nos compromissos, ter uma péssima voz, falar como pato, ou falar muito e não saber ouvir, ter dificuldade para fazer amigos no trabalho, ter vergonha de tratar com superiores, passar arrogância mesmo sem ser; ser colaborativo, mas ninguém pedir sua ajuda; ser colaborativo e carregar o departamento nas costas... Vamos lá, localizou? Ao captar os três pontos da sua lei do mínimo, dos nutrientes de que sua planta guerreira precisa, agora escreva isso e pense nisso todos os dias, reflita ao final de cada dia como foi e o que você fez para cuidar desse mínimo humano, sem o qual seu guerreiro não vai prosperar. Eu jamais poderia ter tido uma carreira como executivo, chegando a diretor geral de organizações, se não tivesse cuidado do meu mínimo. Qual? Controles e contabilidade. Por isso sempre me assessorei impecavelmente nesses pontos fracos, por exemplo. E desse modo ganhei em todos os anos o prêmio do melhor ebitda da empresa que dirigi.

Reconheça três fatores mínimos para serem dominados e trabalhados para que possa haver o realce do máximo potencial que existe dentro de você. Conclua na sabotagem que impede o seu crescimento, aí do lado de dentro de você mesmo. O Edilson Lopes é hoje um empreendedor de sucesso, criou a KLA, organização reconhecida como a de maior valor em eventos para pequenas e médias empresas e profissionais liberais no país. Qual era o poder do mínimo no amigo Edilson? Como vendedor, era o que mais fazia visitas, o que mais entrevistava pessoas que decidiam, o que mais oferecia e o que tinha o maior número de contratos da empresa. Por isso, ninguém o superava em segurança e qualidade da venda. Um poderoso fator mínimo para qualquer pessoa que queira ser um grande vendedor.

CAPÍTULO 5

VONTADE: O PONTO DE APOIO DE TUDO. COMO CRIAR VONTADE, MAS NÃO QUALQUER VONTADE?

"Você pode levar um cavalo até a fonte, mas não consegue obrigá-lo a beber água."

— Dito popular

Então, nesta fase do livro, olho pela janela da minha pousada na cidade de Nantes, no famoso Vale do Loire, no norte da França. A essa região, nem a Revolução Francesa chegou, à sua época. Parece que estamos num daqueles gibis do Asterix. A poção mágica são a sidra, uma bebida deliciosa feita das melhores maçãs do mundo, os crepes e os pratos feitos de batata. *Amour pomme de terre.* A música tem influência celta. As gaitas, e todo o norte francês e espanhol, de Reims até Astúrias, cruzando o País Basco, parecem fazer parte de uma civilização à parte. Lá fora, cai uma chuva fina e faz um frio cortante, e a previsão meteorológica promete continuar assim pelos próximos seis dias. Nada convida a sair, a não ser minhas aulas na grande escola Audencia. O ligeiro e fiel *tram* parte e chega a uma parada em frente ao adágio, onde estou. Um ótimo recolhimento para mergulhar na jornada desses guerreiros que não nascem prontos. E, sabemos disso, não é mesmo, estimado leitor e estimada leitora?

Eu estava observando um amigo querido, com mais de 40 anos, e sua mãe, já chegando aos 70. Começam conversando normalmente e de repente se inicia um feroz debate, em que mãe e filho parecem estar numa discussão de vida ou morte. Olhando de fora, a cena é muito engraçada. Mas para os dois ficam as mágoas. Esse amigo comentou comigo: "Viu como minha mãe é, sempre tem razão, não escuta. Não dá para conversar com ela, sempre foi assim". Peguei seu braço, paramos, olhei bem sério nos olhos dele e disse: "Meu amigo, guerreiro de sucesso em um monte de coisas na vida, nós, por mais que já tenhamos feito, e você é uma prova disso, competente, intelectual, desejado nas melhores conferências do mundo, nunca estaremos terminados. E, se me permite, tem algo que você precisa aprender agora. Trata-se de uma lei do mínimo na sua vida. Preste atenção. Você não existe mais para debater com sua mãe. Você existe para dar carinho e amor, ouvir, sorrir, abraçar e beijar sua mãe. Esse grande e nobre guerreiro está perdendo uma pequenina batalha. A transformação dos tempos, a empatia e, o mais importante, o papel de filho atencioso, e não de professor que a todos corrige, principalmente a própria mãe. Da próxima vez, escute, pondere e, acima de tudo, nos poucos momentos em que você vive junto fisicamente com sua mãe, apenas a ame, nada mais". Nos olhos desse amigo, dono de uma imensa racionalidade, brotaram lágrimas, então ele me abraçou e disse que sim, naquele momento havia aprendido mais uma nova lição para compor a sua alma guerreira. Não ia mais discutir com a mãe, que tudo havia dado a ele, e que agora só uma coisa faria nos momentos ao seu lado: encher aquela senhora de cabelos brancos de beijos e abraços. Ser colérico e rápido em se ofender não é bom nem inteligente para ninguém.

Sim, amigas e amigos, guerreiros não nascem prontos, e devem aprender sempre, até o último suspiro, ou inspiração, da vida.

A ética é assunto de batalhas eternas da humanidade. Mesmo, nas antigas terras europeias, contam que os padeiros, no passado, misturavam serragem na farinha para fazer pão, até que foram veementemente punidos por um rei da época. Então, não vamos nos apavorar com as notícias das falcatruas e corrupções, isso sempre existiu e sempre existirá; o óbvio está na luta que sempre será interminável e precisa ser lutada, cada vez mais arregimentando legiões de forças do bem, do longo prazo, *versus* as angustiadas e pressionadas pelo pegar agora e já. A velha distinção entre o castor e o lobo. Contudo, nunca nos esquecendo de que o castor ser humano não tem no lobo, na outra espécie, o seu predador; ele o possui dentro de si mesmo. Por isso, mesmo grandes esforços de bondade podem ser vistos por qualquer um que não se sinta recebedor do seu quinhão de benesses como uma grande desfeita, ofensa e indiferença. Ah, a indiferença. Nada deixa marcas mais duras e sofridas do que a sensação de indiferença. Por isso, mesmo ao fazer o bem, na generosidade, o não generoso que a recebe pode concluir que está sendo passado para trás. E ali mesmo, no seio dos atos de bondade, podem surgir as desavenças e os venenos. E, aos inimigos, os melhores aliados não estão do lado de fora dos reinos a serem atacados, eles estão exatamente dentro daqueles a quem planejam tomar e destruir. Dessa forma, guerreiros não nascem prontos e cultivam aliados, legítimos aliados em valores e compartilhamento de destinos, e jamais confundirão dissidentes com inimigos. Os dissidentes, os que pensam diferente, costumam ser sinais extraordinários de novas visões e antecipações de estratégias ricas para vencer no futuro. Então o nosso Brasil se definiu como uma imensa mistura de raças. Uma globalização genética. Imigrantes pobres do planeta se reuniram nesse território continental do lado de cá dos Andes, chegando ao Atlântico. Uns vieram por opção, outros por ser a única opção, e outros em navios negreiros. Aqui se amalgamavam, e de mamelucos, da mistura de portugueses com índios, e desses com negros, europeus, asiáticos, nasceu a *Terra Brasilis*. Aliás, o único país do mundo que tem nome de árvore. No passado, os casamentos uniam casas reais distantes. Em nome da lealdade, da fidelidade, da não traição, casavam-se. Eram laços da não agressão e da proteção mútua. Povos se unem pelo sangue. E, um alerta aos brasileiros, somos um *melting pót* único no planeta. Casamos, transamos e nos misturamos entre todos. Isso revela coisas importantes para nosso aprendizado guerreiro. Por isso ouço sempre com muita atenção as conclusões do sociólogo italiano Domenico de Masi, que escreveu obras sensacionais como *A emoção e a regra* e *O ócio criativo*. Ele afirma ser o Brasil uma das raras opções modelares para a civilização do futuro.

No entanto, guerreiros, não esqueçam: os que vivem com a percepção de rejeição não sossegam enquanto não castigarem por vingança de serem castigados.

Depois de fazer uma rápida pesquisa em minhas redes sociais, recebi diversas respostas que apontavam para um senso comum:

O guerreiro não nasce pronto, mas é o resultado da abertura ao aprendizado, seja na busca de objetivos claros e definidos, seja na curiosidade para o desconhecido. Também se aprende com a multiplicidade dos papéis. Nossas várias missões na vida nos ensinam e ensinam uma para a outra. Contudo, a vontade de aprender, de viver, pela vida, para crescer, a vontade está ali instalada em cada manifestação dos internautas. Inclusive a vontade para saber como fazer, mas ali está presente a vontade. Para educar a vontade, precisamos educar a intuição. Não espere por ela, persiga-a vorazmente.

Mauro Quintão é um desses guerreiros que um dia pensou nascer pronto, mas a vida logo o ensinou que a coisa não era bem assim. Mauro passou por crises imensas na sua vida, conhecendo a dissolução de um império empresarial na área da saúde, que pertencia a sua família, e aprendeu, aprendeu e aprende. Por isso, pedi ao admirado empresário Mauro que nos permitisse saber o que significa para ele o tal do "guerreiro não nasce pronto", qual o sentido, o significado e o que poderíamos aprender com o aprendizado do Mauro, e assim ele registrou:

"Um guerreiro de verdade não transgride."

Um guerreiro, ao contrário do que muitos pensam, não nasce pronto e também não transgride.

Visto por muitos como um combatente ferrenho, um guerreiro que se presa mantém a sua cabeça nas nuvens e os pés no chão, e para isso não precisa transgredir normas, nem leis, pois isso o diferencia do restante dos "mortais".

Vemos várias transgressões acontecerem em nosso dia, e em várias categorias de profissionais. Contudo um verdadeiro guerreiro, tem a pegada do *timer line*.

O estudo acadêmico diário, disciplina, muita leitura e engajamento são sempre as melhores ferramentas. A chamada zona de conforto é diuturnamente o maior inimigo de um guerreiro de verdade. Certa vez, há uns trinta anos, vivi uma fase em que pude começar a aprender a ser um guerreiro para a árdua batalha da vida. Eu tinha 18 anos e minha família me colocou para estudar em Belo Horizonte. Eles tinham a esperança de que morando longe do meu extenso círculo de amizades (vivia em Vitória, Espírito Santo) eu viesse a aprender e colocasse foco nos estudos.

Para ir e voltar do colégio em Belo horizonte eu passava em frente a uma academia de caratê, da família Freizer. Ali havia um grande campeão, o mestre Antonio Fernando Pinto Freizer. E havia uma família, sua esposa e seus filhos, e eles pertenciam à Seleção Brasileira de Karatê. Curioso, um dia deixei o receio de lado e entrei para conhecer. Ali, aprendi as artes marciais. Realizei combates diretos com os mestres e peguei o que se chama no tatame de "casca grossa". Desse jeito pude lapidar o meu "limiar de dor".

Acontece que esses guerreiros não nascem prontos para a batalha diária da vida, e sim esculpidos como uma pedra bruta dia a dia. Em meu caso isso aconteceu depois de presenciar uma experiência pessoal muito amarga e dolorosa, que foi a dissolução da nossa empresa familiar.

Meu pai foi um dos mais renomados bioquímicos do país, e criou um conglomerado de diagnósticos laboratoriais no Espírito Santo, o doutor Quintão. Foi também pioneiro no nosso estado para fazer o teste do pezinho, exame de HIV, medicina nuclear, entre outros.

Depois que meu pai fechou sua megaempresa de diagnósticos, eu que não passava de um filho de papai, acomodado, tive de "segurar no chifre do boi". Morrer para depois nascer como empresário e gerador de empregos em minha região e abrir negócios em todo o país.

Hoje, eu e minha amada esposa e sócia temos um grupo empresarial M Quintão, com diversas atividades na área hospitalar de higienização e segurança de alta performance.

Guerreamos nesse difícil universo dos negócios da saúde, onde a hotelaria hospitalar é nossa grande paixão.

A vida me ensina, e pessoas maravilhosas que encontro ao longo da vida me redirecionam, eu os tenho como mestres, assim como o meu ídolo das artes marciais, a família Freizer.

Ser guerreiro sem transgredir não é tarefa fácil, esses batalhadores são paladinos incansáveis lutando todos os dias pela vitória próxima.

Perguntam-me o que paralisa um guerreiro ou o nascer de um guerreiro. Respondo: o medo. O medo é um sentimento que paralisa. Já dizia o grande guerreiro mongol do século XII Gengis Khan, considerado como o Khan dos Khans – se você tem medo não o faça, se você está fazendo não tenha medo.

No Brasil de hoje, precisamos ser "faixas pretas" para vencer na batalha empresarial, mas guerreiro que se capacita não conhece crise.

Minha história e meu depoimento servem para inspirar a todos os leitores deste livro na busca da fé, da certeza e da convicção, de que tudo o que nos ocorre pode ser visto como um obstáculo que nos impede de ser felizes e de obter sucesso, ou como uma promoção motivacional para sermos ainda melhores e criarmos felicidade e riqueza a partir do que poderia ser equivocadamente interpretado como apenas uma impossibilidade.

Boa sorte e boas lutas, amigos guerreiros, que não nascemos prontos.

MAURO QUINTÃO

O depoimento do empresário doutor Mauro retrata a realidade de um guerreiro, em que o limiar de dor foi expandido, o olhar de admiração a mestres que cruzaram sua vida, a importância da sua esposa com quem acertou o rumo do seu foco, e a criação de uma paixão, não no mesmo negócio do seu pai, mas numa área em que a transpiração representa 99%, e o trabalho é julgado a todo instante, restando 1% para as inspirações da busca dos contratos, das vendas e da criatividade. Mauro Quintão está sempre aprendendo. Um legítimo guerreiro que não nasceu pronto, mas que se aprimora diariamente.

Se você, leitora ou leitor, já está imbuído da vontade, e com grande certeza está, tudo fica mais fácil na reafirmação ao ler este livro. Verdades que você já carregava ficam transbordantes, intuições viram convicções. A fé fica mais indubitável ainda. Se você já desconfiava ser a vida um processo interminável de aprendizado, pode passar, em vez de se revoltar com os reveses, e ficar no grupo dos 20% dos terroristas, como vimos com Daniel Goleman no início deste livro, optar pelos 11% no time dos guerreiros engajados e nos 19% dos aderentes, os que aderem ao inexorável do que significa viver: atividade. Saber viver, saber lutar, saber aprender a aprender, educar a vontade e com ela a intuição. E, se este livro lhe foi dado para um despertar de emoções, visões e sentimentos, algo que arranque você de uma plataforma passiva, anestesiada, reino de distrações e ilusões, vestibular da dependência e pós-graduação da arte parasitária, principalmente a você dirijo aqui um halo de amor especial. E, asseguro, haverá muito mais dificuldades, desesperos, angústias, sofrimentos, suor e lágrimas para aquele que se ilude poder passar pela vida e apenas "sobreviver". Não somos como animais ou vegetais. Temos a mente e com ela uma máquina de pensamentos, percepções e sensações. Não somos apenas orientados e comandados pelos genes egoístas da sobrevivência e da multiplicação da espécie. Temos os "memes"(criação de Richard Dawkins em seu best-seller *O gene egoísta*), nossos equivalentes sensoriais aos genes. E esse pensar, certo ou errado, no sonho ou na ilusão suplanta os genes (sonho é o que você faz com a realidade enquanto sonha, e ilusão é o que a realidade faz com você enquanto você se ilude). Portanto, viver sempre vai dar trabalho. Mesmo para o mais preguiçoso dos humanos, mesmo para o mais esperto parasita dos humanos, isso dá trabalho, esforço, e, até para não fazer absolutamente nada, a estratégia, a malícia e consequentemente o esforço para esse incômodo de nada querer realizar o obriga a criar muitas artimanhas, portanto vai ter de trabalhar para conseguir não trabalhar. Infelizmente para os cerca de 50% dos turistas passando o tempo no planeta, que precisam ser velozmente salvos dessa embarcação de triste fim, os amargos preços por esse estado de abstração, fuga da realidade e de não querer beijar seus legítimos sonhos serão muitos altos, a cada ano a mais de vida que viver, a cada mês adicional que tiver, a cada dia vivo, a cada minuto e segundo adicionais de respiração, e antes da fração de segundo do último suspiro, num átimo de instante, uma pergunta cravará sua lápide: "O que está acontecendo? Não, eu não quero morrer, só quero sobreviver. O que fiz de errado para não conseguir o eterno da sobrevivência?". A conta da alienação vem carregada de sofrimentos inquietantes pela ignorância. Os 50% dos turistas na Terra não conseguem funcionar como as plantas ornamentais dos jardins e dos orquidários. Seria legal se assim pudessem ser. Não estão produzindo leguminosas, proteínas como a soja e o feijão, ou as favas, nem energia como o milho, o trigo e o milheto. Também não estão alimentando o gado, como o bom capim. Muito menos gerando frutos, como as macieiras, figueiras, videiras ou hortaliças vitaminadas. Então poderiam ser apenas seres decorativos. Puros, ingênuos, bons, cheirosos, lindos, suaves...uns poucos dos sobreviventes conseguem isso, por terem sido premiados com alguns dons genéticos da docilidade nata e da beleza mágica. Mas precisarão ser alimentados, cuidados. E a sina dos alimentandos estará sempre nas estratégias sedutoras e maquiavélicas que precisam engendrar para receber dos guerreiros, da generosidade guerreira, o ambiente hospedeiro de um vital talento de vagabundice. O problema do "sobrevivente" está em adaptar-se cada vez mais a essa estratégia. Com o passar do tempo, ele também cansa. Com o passar do tempo, só se reuniu e se uniu a outros com a mesma afinidade. Passam a constituir uma comunidade de fracassados, desesperados, e vão vendo que suas estratégias se deterioram com o tempo, e terminam por consumirem a si mesmos como o uróboro, a serpente mitológica grega que come o próprio rabo. E, se não morrerem logo, terminam alvejados pela dor e por um sofrimento tenebroso. Só o sabe aquele que chegou até ali e dificilmente tomou consciência para deixar um legado aos demais seguidores da mesma legião. Os dramas adicionais dos sobreviventes estão na desgraça que causam ao redor. Terminam por sacrificar aqueles que mais os amam. Terminam por ensanguentar o ambiente onde se aninham para sugar. O sofrimento não ceifa apenas o seu viver ao longo do viver, carrega junto quem os tenta salvar, como náufragos que matam os salvadores pelo desespero da asfixia, se estes não forem treinados, e muito bem preparados para os poderem salvar sem morrer.

Dessa forma, tudo está na vontade. Há uma vontade de evoluir, aprender e fazer desta vida, seja lá qual for, uma faculdade do viver e do aprender, em que a construção da virtude, do amor, da alegria e da felicidade dependerá de cada aluno. E bons alunos escolhem seus mestres. Portanto, desde já, estimada leitora e estimado leitor, somos a decisão da escolha de nossos mestres. Abra a janela, olhe na sua rua, seu bairro, no departamento da sua empresa, na sua escola, no hospital, na instituição penal, na sua associação, no seu clube, no time de amigos e de conhecidos, ou nos desconhecidos admiráveis, e ali, no meio da multidão, aponte e escolha quem será seu mestre, ou quantos serão seus mestres para distintas artes da vida!

Voltemos agora para a tal da vontade. Existe a vontade para progredir, o ânimo dos incômodos gerando uma busca criadora de soluções e vidas novas; e existe também a vontade para nada disso. Uma vontade que ficou amorfa, o deixar-se levar pelo autoabandono e pela autoindiferença, a pior de todas as torturas que podemos fazer conosco em vida. E, claro, existe a vontade para o enfrentamento do incômodo através da violência, da destruição e do crime. Faz parte da saga humana na Terra. Sempre houve e sempre haverá. São os guerreiros de Darth Vader, da saga *Star wars*. São os exércitos horrendos de *O senhor dos anéis* e *O hobbit*, do escritor Tolkien. Não devem ser vistos como se fossem novidades. Não são e nunca foram. Nos ambientes extremos, guerras, que não deveriam também nos surpreender, pois, em mais de 3 mil anos de história, apenas 8% do tempo vivemos sem guerras. Nesses extremos, podemos ver o máximo dos guerreiros em ação. A covardia e o desamor, associados ao talento malicioso, criam campos de extermínio industriais. E num terreno mais ínfimo do horror estabelecem estuprar mulheres e cortar a cabeça de crianças para a arremessar contra uma parede, enquanto embriagados gargalham na profundidade da estupidez. Agora mesmo, escrevendo parte deste livro em terras europeias, vêm as notícias de que mais de 10 mil crianças desapareceram nas levas dos refugiados que vêm da África e do Oriente Médio. E as autoridades acreditam que boa parte dessas crianças esteja sendo usada pelas máfias da exploração sexual infantil. Mas, da mesma forma, nos extremos limites do viver, dali surgem ações e conhecimentos que protegem, amam e geram sabedorias que jamais se desvanecerão com o tempo. Uma oposição aos exploradores do sofrimento, à indignidade e à dor humana também surge nas circunstâncias extremas. Grupos de voluntários, médicos e jovens estudantes de várias áreas se locomovem para os pontos onde podem chegar as frágeis embarcações dos refugiados e os recebem com agasalhos, medicamentos e um abraço de calor humano e de esperança no próprio sentido da raça humana (*The islandoftears*, CBN Documentaries). Observe: para cada desaponto, para cada maldade, sempre criaremos um antídoto. São ciclos e ciclos que assim se repetem, numa lenta transformação. Mas, sim, ela existe. Cada incômodo carrega dentro de si a sua solução. Preste atenção.

Um desses saberes surgiu dentro da pior máquina de sofrimento criada de maneira gerencial e industrial pelo homem: os campos de concentração e extermínio nazistas na Segunda Guerra Mundial. E dali surgiu um caminho fundamental para irmos em busca de como obter a tal da vontade. Mas não a vontade de se entregar, de se suicidar (hoje no mundo temos cerca de um suicídio a cada 45 segundos). Tampouco a vontade de se aliar aos torturadores. Falamos da vontade ascensional dos guerreiros que não nascem prontos e buscam a luz evolutiva para voar em níveis mais elevados. E, claro, isso começa com fé. Se não tivermos fé nessa opção, não existirá racionalidade possível de ser acionada. Então, o fundamento dessa possibilidade está na fé dessa possibilidade e na fé dessa escolha, e não das outras. Foi dentro dessa circunstância que um filósofo e psiquiatra alemão, de origem judaica, provocado pela desgraça do gigantesco incômodo de campos de concentração, erigiu um caminho saudável e sustentável para o estabelecimento da vontade. Ele observou dentro dessa situação-limite pessoas que superavam, pessoas que se entregavam e antecipavam a morte, pessoas que se transfiguravam em obsessivos mais violentos e maldosos do que os próprios guardas nazistas. E disso esse homem, Viktor Frankl, ao sobreviver, criou a logoterapia, uma terapia que estabelece ser a identificação de um sentido, algo pelo qual vale a pena viver, a única coisa que nos movimenta e cria a vontade de buscar o como viver. Frankl afirma que: "Se temos um bom 'por que viver', encontraremos os meios do 'como viver'". Então o "por que" viver antecede tudo. Gera a vontade. E as respostas do "como fazer" começam a aparecer naquilo que muitos chamam de "o universo conspirar a favor".

A descoberta da terapia dos sentidos por Viktor Frankl nos campos de extermínio não é diferente da síntese de Freud, que também afirmou que ao sublimarmos os instintos e encontrarmos uma paixão na ciência, na arte ou em um trabalho, nada no destino poderá impedir a nossa felicidade. Ou seja, essa vontade dos guerreiros ascensionais encontra na causa, no sentido do por que vale a pena viver, as forças e a abertura para a criação de estratégias que superem as incertezas e os obstáculos. Os famosos incômodos incomodam a todos nós, mas nos diferenciam pela forma como os vemos e reagimos a eles, ou, melhor ainda, de como nos preparamos para a certeza dessa inevitabilidade. Hora de parar e pensar. Qual o sentido maior da sua vida? O que o faz viver? Pelo que vale a pena viver? Pelo que você vive? Isso muda ao longo dos nossos ciclos de vida. Mas como guerreiros não nascem prontos, precisamos sublimar os instintos e saber da missão, da visão e dos valores superiores que nos guiam. Como grandes guerreiros, precisamos estar preparados para voltar a casa. E, ao regressar, contar sobre a jornada. É claro que, no nosso início, nosso por que vale a pena viver é mais próximo do que os olhos veem. Quando eu tinha 18 anos, meu sentido de vida era a música, compor, e com minhas músicas mudar o mundo. Quando soube que ia ter um filho (na verdade uma filha, a Karen), eu tinha 22 anos, então o meu sentido de vida passou a ser como pagar as contas, onde morar com a inesperada família nova, como trabalhar e ganhar dinheiro, como não sentir a vergonha de não poder sustentar a filha recém-nascida. Os sentidos foram "mutando" conforme o viver. Criar um projeto educacional que mudasse o patamar das percepções dos negócios agropecuários no Brasil foi e continua sendo um dos meus sentidos. O agronegócio foi um desses conceitos, e agora criei a agrossociedade. Contudo, foram vários sentidos, como líder de classe empresarial, como dirigente no grupo do jornal *O Estado de S. Paulo*. E, hoje, qual é o meu grande sentido de vida, aquilo pelo qual vale a pena viver? Para mim, ele está no desafio de criar uma autêntica pedagogia da superação, minha tese atual de doutorado. Recebi da vida um legado de ensinamentos, e minha missão, a minha causa, está em processar e ajudar na educação da superação humana. A pedagogia da superação será o tema do meu próximo livro, sem dúvida. Mas o sentido pode ser ainda mais espiritual. Penso sempre no amor e na vida que meus pais adotivos me deram. Pessoas simples que me adotaram e me amaram e que comigo enfrentaram brutais incômodos e dificuldades, sem nunca me deixarem. Eles podiam ter me devolvido para minha família espanhola como um produto que era lindo, mas quebrou. Um tio meu veio me buscar em Santos, depois da queimadura no meu rosto. Mas Rosa e Antonio jamais permitiram pensar nessa possibilidade. Eles também nunca me permitiram não gostar de mim mesmo, acima de tudo, e da vida. Então, quando penso em planos mais elevados, rarefeitos e da alma, sem dúvida penso em jamais desapontar Rosa e Antonio, onde quer que estejam. Eles também representam para mim um forte sentido pelo qual vale a pena viver.

Como ressalto neste livro, querido leitor e querida leitora, quando falo de mim, só o faço para despertar em você as respostas. Escreva, revendo sua história de vida, os sentidos supremos que o têm motivado na vida. Estacione no momento presente. Escreva e registre qual o sentido de vida dominante do seu presente. Separe os sentidos mais ligados à sobrevivência, à matéria, às contas a pagar, à pessoa que deu o fora em você na última balada. Mas não os ignore. Afinal, o passo a passo faz parte da conquista do guerreiro. Olhe agora mais no nível do horizonte. Quais são os valores e qual a missão superior pelos quais sua vida faria sentido e valeria a pena viver? Então, procure conectar as coisas referentes ao dia a dia com aquelas mais etéreas. Ou seja, ligue os pés no chão com a cabeça nas estrelas. Há uma magia nisso, há uma fórmula para isso, há um método. Todos somos artistas. Todos somos guerreiros.

CAPÍTULO 6

URÓBORO, A SERPENTE QUE DEVORA A PRÓPRIA CAUDA. A FÉ VEM PRIMEIRO, A CIÊNCIA EXPLICA

"Eu começo com uma ideia e então ela se transforma em alguma coisa."

– PABLO PICASSO

Sonhar é recombinar neurônios. Todo guerreiro sonha. E conta os sonhos. Há uma palavra espetacular em inglês chamada *serendipity*. Trata-se do poder mágico das conexões acidentais. Foi um escritor inglês que a formulou, Horace Walpole. Ela vem de um conto persa chamado "Os três príncipes de Serendip". E o que faziam esses guerreiros do acaso, da incerteza e dos acidentes do viver? Eles viviam procurando e descobrindo coisas que não estavam buscando. Ou seja, quando alguém diz que os guerreiros não nascem prontos e " um dos seus sentidos de vida é auscultar o desconhecido ", como meu amigo Eduardo Razuck escreveu, estamos dentro da caixa mágica da "serendipidade". Tenho certeza de que você já passou por isso. Procurava um emprego de jornalista e virou diretor comercial do jornal. Ou procurava por um bistrô e achou um restaurante japonês sensacional. Ou, mais ainda, esperava encontrar o Roberto, com quem tinha marcado um encontro, e se apaixonou pelo Rodrigo, da mesa ao lado. O mundo *serendipity* vive em tudo, está à nossa volta. Representa apalpar as bordas do conhecido. Ah, e como esse conhecido é estreito. Curto. Afinal, o universo em que vivemos é infinito. E, ao decidir viver com quem amamos, isso significa sempre viajarmos à velocidade da luz, como linhas paralelas rumando para o mesmo destino num dado ponto do mesmo infinito. Entretanto, a "serendipidade" é fascinante. Você já se perdeu? Perder-se mesmo, de não saber onde está? O que você aprendeu numa experiência dessas? O que encontrou quando perdido que jamais teria encontrado se estivesse buscando? O meu amigo Ed Ribeiro das tintas livres achou sua arte pela "serendipidade". Derramou as tintas e descobriu o que não sabia que poderia descobrir se estivesse procurando. Uma vida para a arte reconhecida mundialmente. Uma vez me perdi no Japão. Esqueci o nome do hotel, não tinha telefone, e ainda não havia celular nem e-mail. Vaguei pelas ruas e avenidas e encontrei um dos mais fascinantes grupos de japoneses, com os quais vivi momentos grandiosos e que me ajudaram a encontrar meu hotel e só me deixaram quando me viram seguro e feliz dentro dele, embora já com saudades, acenando na despedida.

Criar uma música é puro *serendipity*, não podemos saber o que muda num microinstante enquanto um acorde se esfrega, ressoa e se afina ou se desafina com outro, em que a intenção não premeditada muda tudo. Essa arte mágica do acaso faz parte significativa em como educamos os nossos guerreiros íntimos para serem campeões. Representa oscilar e atuar dentro de visões de estratégia, conhecimentos e planejamento. Mas da mesma forma é preciso haver um ambiente livre para criar, para o caótico, para o aprender a se perder. Não iremos ao desconhecido, aos limites das bordaduras de nossa época, do nosso conhecimento, da nossa tecnologia, da nossa filosofia, sem o desequilíbrio e sem a fé em *serendipity*. Os três príncipes da lenda de Serendip viviam "sempre a descobrir, por acidente e sagacidade, coisas que não procuravam". As crises e os incômodos são ótimos estímulos "serendipidianos", pois nos forçam ao movimento e à busca do novo para reconstruir o desarranjo. Essas coisas, só assimilamos pela fé. E fé representa ausência de dúvida. *Serendipity* existe. Achar coisas que não procurávamos por acaso e com a sagacidade. Essa palavra, sagacidade, é muito importante. Significa vivacidade, tino, lucidez, perspicácia, astúcia, inteligência, brilhantismo etc. Representa fazer parte dos 11% dos engajados. Porque exige *presentness*, outra palavra inglesa essencial que quer dizer quanto estamos de corpo, alma e espírito sentindo todos os sinais. E amplos, abertos e acima do que já sabemos entramos numa conexão com o desconhecido. Isso tem riscos. Não sabemos o que surge quando a porta de uma caverna se abre. Contudo, parece que o que emitimos na alma para encontrar será o que vai sair daquela caverna. Isso não está no campo das realidades sentidas pelos nossos limitados sentidos. Entretanto, o exercitar dos nossos guerreiros que não nascem prontos nos obriga a optar por esquinas, encruzilhadas, nevoeiros e portas do desconhecido. A consciência *serendipity* é, por outro lado, genial. Quer exemplos?

Marize Porto Costa é hoje considerada o símbolo do que já se diz ser a terceira revolução da agricultura brasileira. Essa mulher não é agrônoma, nunca foi produtora rural. Sua formação é de dentista. Ficou viúva e herdou uma propriedade rural em Ipameri, Goiás, que estava degradada e dava prejuízo. Não sabia o que fazer. Os conselhos e as recomendações que ouvia apontavam para investimentos que ela não podia fazer. E por não saber como fazer, mas querer muito fazer, e por não ter o caminho, e por não poder gastar o que sugeriam da forma clássica, lá partiu Marize na sua busca serendipiniana. Por intermédio de uma amiga soube que havia a Embrapa em Goiânia. A Embrapa é o lugar em que estão reunidos os melhores cientistas brasileiros do setor. Tinha apenas um nome, uma pessoa que não conhecia pessoalmente, mas que fora indicada por essa amiga. Ela me disse que não sabia nem como era essa tal de Embrapa nem que tinha guarita e portaria. Chegando lá, falou o nome e foi recebida. Ela contou o seu problema e o pesquisador deu a ela um livro. Esse livro tratava de um conceito novo, a ideia era fazer uma integração lavoura, pecuária e floresta tudo junto e ao mesmo tempo. Assim, a lavoura arrumaria o solo, se pagaria e pagaria todo o resto. Marize achou que tinha lógica. Ninguém acreditava nisso, porém ela acreditou. E fez. E hoje é celebrada como líder e mulher de gigantesco sucesso naquilo que é de fato uma revolução. Ela produz árvore, água, alimentos e ambiente, num exemplo que vai tomar conta do planeta inteiro, na área tropical da Terra. Mas, o que ela me revelou? *Serendipity*: "fui procurar como resolver o problema dos bois e me transformei no modelo de tudo isso". A filha da Marize, Marcela, trabalha em sustentabilidade e já desponta como uma sucessora a altura da mãe.

Saiu à busca de uma solução. Foi onde alguém deu um nome. Ao chegar lá, saiu com uma visão diferente e outra do que queria resolver. Ouviu e por não saber terminou aprendendo. Deram um livro para ler. Ela leu. E nisso se transformou. Indo a Goiás, e passando em Ipameri, procure pela fazenda Santa Brígida, da dona Marize, você vai se emocionar.

Perguntei aos técnicos da Embrapa: para quantos vocês falaram a mesma coisa e nada aconteceu? "Para milhares", dizem eles. Graças a Deus, porém, dona Marize era dentista e como não entendia de agricultura, ouviu e fez. O não saber pode ser o grande saber quando ouvimos fora dos preconceitos e dos paradigmas estabelecidos.

E, como esse exemplo, peço para você recolher outras histórias e anexá-las, em papéis, ao lado deste livro. E, claro, recolha também a sua "serendipidade"! Reúna na sua história de vida os acasos mutantes e o que surpreendentemente encontrou quando nada procurava ou perseguia. Um químico alemão de nome Friedrich August Kekulé Von Stradonitz descobriu algo transformador do mundo, uma revolução da química orgânica. Descobriu a importância do mais conectivo de todos os elementos da vida, o carbono. Não haveria vida sem a, de certa forma, promiscuidade do elemento carbono. E foi num sonho, em 1865, que o cientista teve com o uróboro. Com essa visão, visualizou a estrutura molecular do hidrocarboneto benzeno. Essa "serendipidade" da visão do uróboro com uma cadeia molecular completou a informação sobre a formação da vida na terra. O carbono conectando e sendo a visão do uróboro nas estruturas de anéis, treliças e cadeias. O carbono, a cola e o grude do mundo. O uróboro. A fé vê antes; a ciência explica depois.

Nas guerras do passado, os soldados largavam as espadas e fugiam ao ouvir a notícia da morte de seu rei em combate. Como diz George R.R. Martin, "Mesmo aos vitoriosos, a glória pode ser eterna, mas também é fugaz. Se esquecida no resultado mesmo da mais famosa das vitórias, pode levar a desastres maiores". A sabedoria revela que os guerreiros que nunca lutaram não gostam da paz, e os que viveram as lutas amam a paz.

Os mestres nos ensinam a saber separar lutas legítimas das lutas falsas, que só servem para nos distrair da ascensão e do aprendizado importante. Quando entramos em qualquer luta, não estamos crescendo. Estamos, sim, perdendo tempo. Estamos desaprendendo e gastando energias desfocadas. Estamos, ao contrário, descendendo na escala do aprendizado. Há muitas distrações que nos convocam e nos levam ao erro. O erro ensina, desde que estejamos alertas aos sinais que o erro traz e que nos ensina a retomada do caminho. O erro, por si só, não tem nada de errado. Dizem até que a raça humana é resultado de um erro de recombinações químicas. Não aprender com o erro, isso, sim, é um erro.

Faça uma análise do seu "conflitograma" pessoal. De um lado, amor, paz, cooperação. Ao centro, indiferença. No outro lado, guerra, hostilidade, relação abrasiva. Escolha uma pessoa que você conhece para representar cada parte do "conflitograma". Escolheu? Muito bem, conheço uma que vive 90% do seu tempo e de suas relações do lado hostil, abrasivo, em guerra permanente. Entra em todas as brigas, além de criar novas confusões aonde quer que vá. Arrogante e hostil no check-in do aeroporto, com os comissários de bordo, com o taxista, com a recepção do hotel, com os colegas de trabalho, com os convidados da própria festa de aniversário. Uma pessoa guerreira como o uróboro, que come a própria cauda. Engole do próprio veneno da guerra consigo mesma. Tem vontade. E tem um sentido de vida. Qual? Consertar o outro, que ela sempre considera errado. Ataca o mundo com pedras e recebe um desmoronamento de pedras em resposta. Luta conflitos inúteis e se afunda na vida a cada luta imprópria.

Agora identifique uma pessoa que vive 90% na paz, no amor, na cooperação, na reciprocidade. Também conheço alguém assim. Sempre cooperando, sempre pronta para ajudar e passar conhecimentos. Você também verá suas lutas. Contudo, observe, serão lutas elevadas. A constituição de uma instituição de benemerência, como a Apae, criada pela dona Jô Clemente. A superação de uma crise empresarial para salvar empregos e construir mais prosperidade. O não parar e empreender mais ainda, mesmo com idade avançada, para gerar riqueza para muitos. São pessoas guerreiras que lutam, que não temem os bons conflitos, pois sabem que criar será sempre um choque das ideias. Contudo, não gastam suas energias em brigas de rua, como se diz. Brigas tolas. Brigas dominadas por vaidades supérfluas. Os grandes guerreiros visionários, que atuam com a consciência da causa, não hesitam. Colocam a causa acima de tudo, e suas agendas de vida a serviço da causa. E, com isso em mente, até parecem muitas vezes se submeter, recuar, dar passos atrás. Mas o fazem para proteger a obra, o seu sentido superior de vida, aquilo pelo que vale a pena lutar, viver e vencer. O grande guerreiro aprende a parecer fraco, com a força íntima do leão, mas a aparência do castor. Sabendo escolher o momento da luta que deve e precisa ser lutada.

Ao centro do "conflitograma" está a pior de todas as situações: a indiferença. Você se pergunta, porém, se a pessoa uróboro, da agressividade, não é pior? Eu diria que ela é indesejável e, se não mudar, caminha para muito sofrer. Pelo menos não está dentro de uma armadura de indiferença. O indiferente parece uma ameba, pior do que o vegetal ou o animal. Mesmo o siri e o caranguejo seguem uma programação de ataque, defesa, busca de comida, procriação. Estão inseridos na cadeia da fauna e da flora do mangue e das praias. E, se não tomarmos cuidado, suas garras formam um alicate desagradável ao nos surpreender com um golpe. Os indiferentes são amorfos, pensam em sobreviver como sentido de vida. Os siris também, mas lutam pela sobrevivência. Se colocarmos poucos siris num balaio, eles terminam escapando. Mas se colocarmos muitos eles não escapam, pois os debaixo puxam os de cima para baixo de novo. Assim ocorre com as pessoas guerreiras uróboro. Estão sempre se puxando para o fundo do balaio da prisão ao qual se autocondenam. A indiferença não está na cena do balaio ou do uróboro; a indiferença é como um gás venenoso e invisível, uma perigosa doença transmissível que pode contaminar todo o ambiente. Vejo pais que dizem amar os filhos, mas cuja inconsciência dentro da indiferença promove a pior de todas as educações para as crianças. Por isso os guerreiros sabem que não nascemos prontos e vão cuidar do ambiente. O ambiente humano, o lugar em que vivemos, determina mais pontos positivos no "conflitograma" ascensional do amor, ou mais indiferente, ou mais uróboro.

"Mas, Tejon, que coisa! Uma luta em tudo?" Sim, uma boa luta em tudo. Uma luta feliz, pois feita com a consciência da boa luta. Não temos saída sozinhos. Não teremos nunca felicidade e sucesso sós. Teremos que cuidar de nossos progressos, de nós mesmos, mas a cada passo devemos ter consciência de que não chegaremos ao ápice da vitória, ao primeiro lugar no pódio, sem um time e sem ajuda. Os grandes guerreiros formam guerreiros ao longo da jornada. E guerreiros não abandonam guerreiros. Precisaremos uns dos outros para ir ao front do desconhecido, para matar os dragões dos desafios da jornada da vida e no regresso, ao voltar para casa. Precisaremos dos mesmos degraus das subidas para poder descer, e as mesmas portas abertas na ida para a volta.

Assim como os escaladores do Everest sabem que a grande felicidade é subir até lá e poder voltar. Sabem que não ficarão mais do que alguns minutos no topo. E sabem que o prazer da escalada está no processo – na estratégia da subida e da descida. Ir ao topo e saber voltar, a lição dos grandes escaladores. Ir ao topo e saber contar as histórias, voltando para o banco das escolas da vida, a sabedoria da felicidade. E aqui, sim, o sucesso passa a ser feliz. Entre-

GUERREIROS NÃO NASCEM PRONTOS • 81

tanto, não pode haver felicidade sem a subida aos montes do sucesso. Seja esse sucesso aquilo que você definir como sucesso. E sucesso é algo tão importante que você não pode permitir a ninguém definir isso para você. Sucesso será o que aprenderemos na escalada. Sucesso será a formação do nosso guerreiro vitorioso. Para Kerlin, mãe de João Gabriel, menino com paralisia cerebral, o sucesso está em cuidar da qualidade de vida dele e zelar por ela. Quando escrevemos este livro, João tem 11 anos e é totalmente dependente da mãe, que se transformou em pai, mãe, cuidadora, guerreira e brilhante pessoa carregada de amor pelo seu menino. Todo o tempo está sob cuidados e Kerlin luta para pagar as contas elevadas com estímulos constantes para buscar ativar seus neurônios. Ela nos disse: "Trabalhamos com o improvável, mas ele faz terapias diárias, como fisiomotora e respiratória, fonoaudióloga e terapia ocupacional. Os médicos dizem ser um estado vegetativo, grau III, irreversível. Mas até os 30 anos ainda construímos neurônios, e eles ficam vagando aos milhões, numa hora dessas podem criar uma ponte entre eles e vir a falar, ouvir, enxergar. Minha esperança nunca morre!".

Quando estive com Kerlin e centenas de pessoas em Uberlândia, ao final de minha palestra beneficente, com os amigos da DLZ, para ajudar essa valorosa mãe, assim falei para todos: "João Gabriel, 11 anos, paralisia cerebral. Ao entrar em contato, contatamos nosso íntimo, e nesse mergulho sentimos a fragilidade de nós mesmos! Somos películas finas. O menino João Gabriel, ao vegetar e ao depender de tudo ao seu redor para respirar, e sem poder ele mesmo vir a ser, responde a uma gigantesca e importante pergunta: por que ele vive? Não é para ele, mas para nos tocar e acordar da nossa insignificância e ressignificar propósitos sentidos das nossas quase perfeitas vidas. Para o bem dele? Muito mais, para o bem de quem o puder tocar e ser olhado pelos seus olhos infinitos, onde sem dúvida, um dia iremos todos nos encontrar".

A mãe Kerlin, (cujo nome lembra Merlin, basta trocar o K por M), lembra as histórias do sábio mago dos magos que recebeu de sua mãe as virtudes para as obras do bem, que tinha mais poderes do que todos os magos do rei e que descobre os segredos do Santo Graal.

Kerlin é uma guerreira ascensional. Não nasceu pronta para isso. Nenhum de nós nasce pronto para um filho com paralisia cerebral. Mas desse indesejado incômodo, da inconformidade do arranjo dos neurônios de seu amado filho, surgem os aprendizados, as lutas, e com certeza o que Kerlin é hoje, o que ela sabe hoje, é de uma profundidade impossível de ser apreendida em qualquer livro, filme ou nos textos de Nietzsche, Freud ou Frankl. A vida real, vivida, enfrentada, aprendida e vencida define sucesso. Kerlin é uma pessoa de extraordinário sucesso. Ela mantém João Gabriel vivo, bem cuidado e amado. E dentro dessas circunstâncias supera, pois ela sabe o poder do amor. E toda superação é sucesso. Como Makiguti escreveu: "Superação é criar valor a partir da sua própria vida sob quaisquer circunstâncias. E valor é o bem, o belo e o útil".

Guerreiros que aprendem nascem de um início de fé cega. Fé cega é o que determina a história humana na terra. Ou melhor, o que determinou. A ciência nasceu de alguém que observou algo, fez ilações e acreditou em alguma coisa que não havia ou que não podia ser explicada. Depois de anos, em alguns casos milênios, aquilo terminou sendo demonstrado. "A intuição é lenta", como escreveu Steven Johnson. Fé é ausência de dúvida. Alguém acredita naquilo que ainda não vê e ninguém vê. O teólogo, filósofo e cientista Joseph Priestley, no século XVIII, colocou um ramo de hortelã num vidro totalmente fechado e com isso provou que as plantas geravam oxigênio. Mas aí já estava na fase da fé pensada. A sua fé cega surgiu numa intuição vinte anos antes, quando, ainda criança, brincava de capturar aranhas e colocar nos vidros, observando. A fé cega nascia da curiosidade de olhar como os seres reagiam isolados em receptáculos vedados. A fé pensada, por sua vez, advém de como demonstrar a fé dentro da racionalidade científica.

Nas áreas de vendas, as quais sempre acompanhei ao longo da minha carreira como executivo e também na academia, observamos esses dois tipos de grandes vendedores. Uns que atuam com fé cega. Uma crença inabalável no que fazem, que não carece de demonstração ou provas científicas. E outros que atuam com a mesma determinação e convicção íntima, mas que se utilizam de demonstrativos racionais. Ambos são os melhores guerreiros nas áreas comerciais de qualquer atividade empresarial, com ou sem fins lucrativos.

CAPÍTULO 7

O SANTO GUERREIRO, QUEM EDUCA O GRANDE GUERREIRO

"Je n'ai jamais pu voir partir um vaisseau, navire de guerre ou simple bateau de pêche sans que mon être tout entier s'embarque à son bord."

– JÚLIO VERNE

[Jamais pude ver partir um transatlântico, um navio de guerra ou um simples barco de pesca sem que me sentisse também embarcado.]

Faz frio pela manhã, e o trem local nos levava até a *gare maritime*. Estava ansioso para visitar o Museu de Júlio Verne. Suas obras encantaram a minha infância. Uma senhora austríaca que morava em frente à minha casa me dava livros. Era a vovó Justina. Eu a adotei e ela me adotou. Cada vez que me dava um livro, ela me perguntava sobre o que eu tinha entendido do livro anterior. E assim essa vizinha educava minha mente e minhas vontades ao longo da minha infância. Descemos na estação e iniciamos uma subida num caminho que levava até o Museu de Júlio Verne. Nesses passos não consegui deixar de me lembrar do dia em que a vovó Justina me deu o *Vinte mil léguas submarinas*. Fiquei fascinado e encantado com o Capitão Nemo. Navegador solitário, com o seu Nautilus, o submarino que era confundido com um grande monstro marinho. Mas não era um monstro. Ali vivia um sonho, uma imaginação. Uma tripulação que recebeu os visitantes que tinham como missão investigá-los com um incrível banquete de frutos do mar e das nutritivas algas. Capitão Nemo andava acima dos limites da sua época. Capitão Nemo explorava o impossível e o surpreendente. Ao entrar no museu, na cidade natal de Verne, Nantes, na França, encontrei a resposta fundamental sobre como educamos os nossos guerreiros. Sim, claro, desde o berço. Desde crianças. Como fez comigo minha inesquecível vovó Justina. E lá estava num quadro a mensagem que trago aqui para você, leitora e leitor, e que faço dela a essência de como criar guerreiros para a vida:

"A imaginação e a sensibilidade de Júlio Verne foram criadas a partir de uma infância feliz, ao lado de uma família que apreciava e cultivava a literatura e as artes. E isso no ambiente da cidade de Nantes, que o cercava de um intenso movimento marítimo de um grande porto comercial. Sua juventude em Nantes é a essência de sua obra".

Meu amigo Silvério me diz como é fascinante sua obra *Michel Strogoff*, nas estepes russas, sem nunca ter ido lá. Um dia estive com Stephen Covey, expert em liderança e, dentre outros livros, autor do best-seller *Os 7 hábitos das pessoas altamente eficazes*. Conversávamos sobre a impressionante arte do líder e perguntei a ele como definiria o papel de um líder. Ele respondeu imediatamente: "Como o leme do navio". Em seguida, indaguei: "Como criamos líderes?", e sua resposta veio mais uma vez sem titubeios: "No berço, desde a infância".

Então, você poderia então concluir: "Que problema grave. A maior parte das crianças não conta nem com a família do Júlio Verne, nem com uma cidade segura e desenvolvida, nem com a orientação de um Stephen Covey. E se isso precisa acontecer na infância, como fazemos com os adultos que não tiveram essa sorte?". Eis um belo incômodo posto na mesa. Nem líderes, nem guerreiros nascem prontos. Sorte é uma boa palavra para o que podemos ter na infância. Quando crianças, somos totalmente dependentes do ambiente que nos envolve. Somos dependentes dos nossos pais, mentores, educadores, vizinhos e da nossa comunidade. Atuar para minimizar o efeito da sorte ou do azar numa educação infantil exige a construção de comunidades saudáveis. Pois na saúde de uma comunidade existe a proteção mesmo contra uma família insana. Mas riqueza, posição social, status e poder não significam criações corretas e construção de líderes e guerreiros. Se assim fosse, não viveríamos dramas de sucessão em herdeiros, nem a destruição de nações, cidades e reinos, pois bastaria ter dinheiro, cursar as melhores escolas do mundo e pronto. Por outro lado, se a base da pirâmide fosse uma condenação inexorável à impossibilidade da construção de grandes almas, jamais teríamos Nelson Mandela,

Mahatma Gandhi, Angela Merkel, Juscelino Kubitschek, madre Teresa de Calcutá, papa Francisco, Martin Luther King, José Bonifácio, Santos Dumont, Monteiro Lobato, o meu próprio grande amigo desde a infância, Roberto Shinyashiki, e milhares de outros...

E também não teríamos bilionários vindos das bases da sociedade, como Jack Ma, do Alibaba chinês, Ralph Lauren, Blairo Maggi, Larry Ellison, Howard Schultz e tantos outros.

Portanto, a resposta está numa conjugação de sorte com abertura emocional para a experiência dos relacionamentos e um dom voltado ao aprendizado.

"Sorte?", vocês poderiam questionar. "Sorte não existe!" Não sei que nome você quer dar a isso, mas existe uma coisa impossível de ser definida que a cada segundo muda e altera sua vida. Steve Jobs disse que se não fosse um vizinho que lhe dava jogos quando pequeno jamais teria sido o criador da Apple. Disse também que se não fosse um professor que o subornava para estudar também não teria sido Steve Jobs. Tudo o que foi oferecido a Bill Gates foi oferecido antes a Gary Kildall, mas ele não pegou, embora Gates tenha pegado o trabalho da IBM para fazer o DOS. O ex-presidente Lula veio do Nordeste após receber uma carta escrita pelo irmão Jaime, que tinha vindo antes com o pai e morava com ele em Vicente de Carvalho (do outro lado do cais de Santos). O irmão, escrevendo a carta a pedido do pai analfabeto, simplesmente trocou o texto. Enquanto o pai pedia para a mulher: "Não venha para cá, fique aí", Jaime escrevia: "Venda tudo e venha que esperamos você". Hoje não existiria a história de Lula sem o texto da carta de Jaime.

Essa criação dos nossos guerreiros tem um lado do acaso: as pessoas que encontramos. Para mim, a vovó Justina foi fundamental. Ela era apenas uma senhora, sozinha, uma vizinha. Ela poderia não estar ali. Ou poderia não ter me dado um livro todo mês para eu ler. Se ela não estivesse ali, com certeza eu não seria quem sou. Se não fosse por meus pais adotivos, muito provavelmente eu não teria recebido o encorajamento que tive na infância para enfrentar as ruas com o rosto queimado. Com outras pessoas, muito provavelmente não seria quem sou. A cidade de Santos, meu bairro; gente do mundo todo, operários, trabalhadores; mistura de raças... Cada casa era nossa casa. Gente que se ajudava. O colégio do bairro, a Escola Canadá, era um local de elevação da autoestima com arte e o melhor teatro amador do país, premiadíssimo nos anos 1960 e 1970, sob a direção de Carlos Pinto. Sem dúvida, o ambiente econômico, comercial, político, artístico, cultural, esportivo e social daquela cidade interferiu na minha infância e juventude. Sim, tudo isso pode representar cargas da boa sorte na vida de um ser humano as quais ampliam suas fortalezas. Ser exposto a situações de desafios, mas sob a proteção de amor, educação, felicidade e dignidade humana, é uma sorte maravilhosa.

É muito mais difícil um guerreiro ser preparado sob maus tratos e indiferença, e com a ausência de educação. E, pior ainda, é uma criança ser ensinada para os maus hábitos, não desenvolvida na empatia, não estimulada no vigor, no tônus, na vontade do trabalho. Não ensinada a admirar as melhores pessoas em suas áreas e, ao contrário, olhar o mundo de maneira arrogante, com a mesma arrogância de seus pais. Enfim, uma educação desastrada com certeza não criará os guerreiros ascensionais, estes que são o tema do livro. Poderá, sim, criar guerreiros para os exércitos nefastos das forças da maldade. Ou os amorfos e resignados da turma das órbitas das medianas.

Os povos podem trazer a perdição sobre si mesmos a partir de suas crenças. E cada um de nós da mesma forma.

Um aluno meu de Gana, da África, o Prince Daddy, é muito especial. Numa aula, discutimos sobre as mudanças que precisaríamos ter na África para os próximos anos. Daddy, um cara grande, foi se emocionando e disse: "Temos que mudar a mentalidade na África". Sim, concordei, e como fazer isso? O problema é simples: ideias erradas, ausência de cooperação, corrupção, incompetência, mas tudo isso tem uma causa central. "Qual?", perguntei, e Daddy respondeu: "As pessoas na África não querem que o outro progrida, que o outro vá bem. Há muita inveja, individualismo e ausência de cooperativismo". Claro, nunca podemos generalizar um ângulo. Mas se pegarmos esse pedaço da visão do Daddy, temos certeza de que isso é um grave problema para mudarmos mentalidades e construirmos guerreiros. Para educarmos nossos guerreiros, precisamos de atitudes desde cedo. Nós nos transformamos na qualidade das pessoas que passamos a admirar ou que nos inspiram. Uma criança de sorte tem mentores e educadores nobres e dignos. Ela é ensinada a olhar. Seu foco é canalizado desde pequeno em exemplos a serem emulados. A diversidade do foco será muito produtivo, pois, contando com mentores guerreiros, aprenderá a discernir, a optar, a escolher e a não temer o desconhecido e o oposto. Ou seja, desde pequeno saberá fazer do incômodo uma criação inovadora. E, lógico, quando adulto, a vida não mudará em nada. Continuará sendo o jogo, a brincadeira, as amizades, as relações e uma disputa do foco *versus* o império das distrações. A vida será o resultado de onde decido colocar a minha atenção a cada instante, a cada segundo.

Então, é preciso agradecer muito a todos os guerreiros que nos abriram caminhos ao longo da jornada infantojuvenil.

E a criança que não teve essa graça divina? Aí, já entramos na camada do herói, culminamos nas zonas mais rarefeitas dos heróis. Elas tiveram uma capacidade imensa de procurar os seus mentores. De prestar atenção num vizinho, num professor da escola, num membro da família – avo, avó, tio. Nos pais de amigos. Ou, mesmo, na ficção: num filme, num personagem dos dramas, dos romances, nos guerreiros extraídos dos contos, das fábulas e dos livros. Um grande ser humano guerreiro que se preparou sob circunstâncias adversas de família, comunidade e escola é uma pessoa muito especial. E, sem dúvida nenhuma, se fizer um retrospecto, voltar no tempo, vai encontrar alguém que significou para ela um exemplo inspiracional a ser seguido. Essas pessoas são gênios maravilhosos. Pois mesmo sem o amor que educa de parentes virtuosos conseguiram, ainda como puras crianças, fazer escolhas. E dentre essas escolhas estão o dom e a sabedoria nata de optar por ética em meio à sua ausência. Por amor, em meio à carência. Por dignidade, num pântano repleto de opções indignas.

Carmela é assim: sem pai, a mãe faleceu num acidente quando tinha apenas 12 anos; ficou com uma irmã, a Magda, que tinha apenas 9 anos. Percorreu escolas em regime de internato, realizou fugas e foi recolhida algumas vezes pelo juizado de menores. Sofreu a ausência de amor e a distância dos parentes que viviam em outras cidades. Aos 13 anos, porém, começou a trabalhar, com um talento empreendedor fantástico. Seguiu os passos da mãe, em vendas e no comércio. Buscou amizades com pessoas de muita afinidade com sua própria história. Conseguiu aliados e amigos. E conquistou o afeto de famílias que, apesar de não serem biológicas, amavam essas duas irmãs como se tivessem com elas um parentesco por consanguinidade. Carmela e Magda venceram como crianças, lutaram com acertos e erros ao longo de suas jornadas. Carmela teve uma filha, a Tatiana, linda e maravilhosa. E, como o destino sempre apronta, e o incômodo vive presente no universo, num triste acidente a Tatiana perdeu uma das pernas aos 10 anos. De novo, outro enfrentamento, outra luta. Hoje, Carmela é uma empresária muito bem-sucedida, e Tatiana, da mesma forma, tem sua atividade comercial na área da moda. Tem um filho lindo, e ambos vivem com extrema felicidade. Criaram uma família de amigos onde antes não existia nada. Conquistaram afinidades. São geniais. Tiveram a vida do lado de fora para escolher. E optaram por escolher grandes amigos. Edwige era outra jovem que enfrentava o mundo, vinda da França para o Brasil, ainda aos 14 anos. Eu mesmo, que exercitava a minha arte da guerra juvenil, e todas essas crianças conquistaram a minha mãe adotiva, a dona Rosa. Nós nos ajudávamos espetacularmente, mas sem dúvida, o dom e o talento da Carmela para escolher os caminhos e as pessoas e tomar decisões aos 12 anos foi fascinante.

Amiga leitora e amigo leitor, prestem atenção. Trata-se de talento para escolher: "Quero você como amigo, como amiga, e não outra pessoa", "Quero ir à sua casa, e não àquela outra", "Vou conversar e pedir para continuar fazendo o que minha mãe fazia, vendas", "Vou pedir para me deixarem trabalhar, e não que tomem conta de mim", "Quero ficar morando na casa que era da minha mãe, não quero ficar em internatos", "Não quero que nenhum parente fique aqui", "Quero escolher com quem minha irmã e eu vamos ficar". Isso é sensacional. E Carmela lutou para isso. Rebelou-se contra ordens de parentes biológicos, que não permitiram que ela e Magda estabelecessem sua ideia de vida e de mundo, e pediram ajuda. Foram atrás de guerreiros para ter ao seu lado. Hoje, para mim, Carmela é uma irmã, e Tatiana, minha sobrinha.

Isso é ter humildade para saber pedir ajuda. Meu aluno Daddy tem razão. Onde o orgulho e a vaidade se unem formam uma barreira, uma prisão, um balaio de caranguejos em que os debaixo puxam os de cima, e ninguém consegue escapar da água fervente.

Todo guerreiro tem mestres. Precisamos eleger nossos mestres. Ensine seu filho a admirar pessoas. Mostre para ele, desde pequeno, exemplos de pessoas admiráveis em todas as coisas. No shopping center, chame a sua atenção para alguém que atende muito bem numa lanchonete ou numa loja. Mostre pessoas educadas, modelos, nas ruas. Aponte nas escolas outras crianças legais, professoras, funcionários, atendentes. Não perca a oportunidade de ensinar uma criança a olhar, a ver, a perceber pessoas admiráveis.

Essa educação infantil cravará fundo nos neurônios desse pequeno guerreiro em formação os passos automáticos do sucesso da sua vida – quando for um jovem, andando por suas próprias pernas, tomando suas escolhas; e, quando adulto, no ambiente da competição, das lutas pelo progresso e pelas conquistas, com o talento de saber cooperar, nas opções de com quem se unir, com quem investir energias e instantes ricos e preciosos da sua vida, quando já estiver por sua conta e risco. Esse procedimento automático das escolhas do "com quem estar" e "do com quem opto para ir ao futuro" fará brutais diferenças na conquista do sucesso.

O sucesso será o resultado das escolhas. E as escolhas positivas serão feitas com pessoas. Experimentos em neurociência revelam que nossos neurônios se comunicam entre si e formam uma nuvem, como as nuvens computacionais. E essa convivência interfere inconscientemente nos nossos valores, visão de mundo, foco e decisões. Quer dizer, seremos sempre o resultado dos seres humanos que cultivarmos e que escolhermos para nos relacionarmos.

Guerreiros não nascem prontos. Guerreiros são esculpidos pelas relações humanas que exercitam. Guerreiros assumem o comando do seu preparo quando passam a escolher seus mestres, as pessoas, e passam a ter a consciência viva de aprender com outros seres humanos.

Viktor Frankl, quando perguntado sobre como podemos desenvolver sentidos, propósitos e escolher causas pelas quais vale a pena viver, respondeu: "Observando pessoas que conseguiram e comparando-as com pessoas que sob as mesmas circunstâncias não conseguiram".

Ao meu aluno Daddy, fica a constatação e a observação. Se numa sociedade, comunidade, empresa, escola, as pessoas não admirarem e buscarem imitar os melhores e mais competentes, elas estarão decretando a tirania e o império da mediocridade. Numa sociedade onde impera a não busca da excelência como espírito, os mais brilhantes são expulsos ou vão embora. Os medíocres e incompetentes assumem o poder e criam uma burocracia para sua perpetuação. A corrupção e os valores vis imperam inibindo a ajuda, a construção do empreendedorismo, e impedindo o cooperativismo, força vital dos grandes guerreiros. Os que aprendem a lutar juntos criam sociedades onde o ambiente amplia a chance de a maioria progredir, diminui a concentração da renda e do acesso aos bens. E se estabelece ali não apenas um lugar onde guerreiros individuais crescem; cria-se ali uma sociedade onde todos os seus guerreiros não nascem prontos, a sociedade também, e há um crescimento humano evolutivo mais amplo e menos permeável ao domínio das maldades mais rústicas e grotescas.

Se você ama seus filhos, ensine-os a olhar pessoas, desde já. Guerreiros não nascem prontos.

CAPÍTULO 8

PAPO DE ADULTO: AGORA SOMOS VOCÊ E EU – MÉTODO 1

"O mito, a uniformidade, destrói o mais precioso dom da juventude: o enorme poder da imaginação."

– PAUL FEYERABEND

O mito é o que se traz como verdade inconteste, mas não resiste ao exame dos fatos. O mito recebe em seu conteúdo o reforço do medo, do preconceito e da ignorância. O mito tem nos adultos que sacrificaram suas crianças interiores o pior de todos os seus cruéis zeladores. Para explodir as algemas que prendem um adulto nas rochas do *Prometeu acorrentado*, precisamos chamar pelas crianças. As nossas próprias crianças íntimas.

Bom, vamos expulsar daqui tudo o que não interessa mais. Já vimos que nossa fase infantojuvenil é muito importante. Mas o que foi foi. Agora você e eu crescemos, somos adultos e vamos resolver nosso futuro desde já. Do seu passado só interessa aquilo que serve para construir o futuro, mais nada.

Você entra no elevador e não fala bom-dia ou boa-tarde? Por quê? Aprendeu a ser ranheta e rabugento? Quem ensinou isso? E o que você ganha sendo assim? Nada, mas diz que também não perde nada? Qual o seu problema? Vergonha, medo, indiferença ou arrogância? Ou o seu problema é genético? Sim. Estudiosos revelaram que quase metade dos bebês tem problemas natos de afetividade. São crianças que nascem com baixa competência genética para a empatia, para o afetivo. E o que ocorre? Os pais não se dão conta, não tratam disso, e a criança vai crescendo chata, sem ser carinhosa e podendo ficar até agressiva. As pesquisas descobriram que adultos se afastam de crianças não amorosas. Adultos não gostam de crianças "desagradáveis". Portanto, alguém pode crescer com carência de desenvolvimento no talento da afetividade, de não saber conquistar amor, e, assim, vira um guerreiro totalmente incapaz de conquistar ajuda e aliados para a arte das vitórias. O método começa por exigir que você de zero a dez se dê nota em competência para atrair ajuda, conquistar pessoas e ser uma entidade humana viva "amável". Não ganhamos batalha alguma sozinhos. Nosso sucesso será determinado por nossa competência em conquistar atenção, ajuda e portas que se abrem de forma surpreendente, e que não se abririam normalmente.

Dessa forma, o passo número 1 será resgatar a criança que ainda vive dentro de cada um de nós. Se nossa origem de guerreiro, de líder, de criatividade está presente na nossa criança, essa fase infantojuvenil precisa rebrotar em cada um de nós, para irmos ao novo futuro. Com nossa criança revigorada, abrimos a porta para o personagem do guerreiro entrar, e, com essa alma nova, as afinidades, as pessoas, a alegria e o talento de ser amado. Crianças inteligentes cativam e conquistam o amor dos adultos. Agora, já adultos, esse fundamento é vital para nossos guerreiros se desenvolverem. Vamos então ensinar aos nossos adultos a competência infantojuvenil, reeducar nossas mentes. Vamos brincar de ser criança de novo. Agora, a brincadeira será com jogos de adultos. Afinal, viver sempre será um jogo. A decisão, o que fazer com o erro, como estudar para a prova amanhã etc.? Muitas pessoas dizem: "Ah, não dá para ser assim, criança é irresponsável". Mentira absurda. Crianças querem saber a regra das brincadeiras, seguem essa regra e não admitem que alguém a quebre. Crianças adoram aprender brincadeiras novas e querem saber como são, como se joga. Crianças gostam de aprender. E, ao brincar de aprender, brincam de viver. Crianças não são irresponsáveis, crianças são genuínas, e uma vez estabelecidos os parâmetros e os funcionamentos do jogo, elas jogam dentro da disciplina dele.

Quem rompe regras, falcatrua e muda de forma corrupta os jogos são os adultos. Estudos realizados em Harvard demonstraram que, se colocarmos elementos infantis num ambiente de trabalho, diminuímos a propensão ao roubo, ao engano, à maledicência e à fofoca.

Crianças saudáveis são protagonistas. Participam. Querem brincar, viver. São abertas a fazer. E são multitarefas. Fazem várias coisas ao mesmo tempo.

Contam também com um foco sensacional. Num encontro que tive com Pelé, o nosso rei do futebol, quando retornava de uma visita ao local e às vítimas do tsunami no Japão, ele me chamou a atenção para a diferença entre o que as crianças fazem *versus* o que os adultos fazem em meio ao caos. "Via crianças correndo, brincando e jogando bola sobre a destruição, e adultos totalmente desesperados e destruídos com o gigantesco e terrível acidente". Não estou dizendo aqui para sermos insensíveis aos traumas. Impossível. Mas se não houver o resgate de nossas crianças interiores, não importa a situação, não conseguiremos sangue vital, combustão química cerebral para a luta desafiadora. Não falemos mais de *tsunami*, terremoto, situações extremas dos refugiados, campos de concentração nazistas, rompimento da barragem de Mariana, epidemias, das cerca de 800 milhões de pessoas na Terra que não têm o que comer. Não falemos disso agora. Vamos falar de pessoas bem nutridas, com boas casas, em escolas legais. Jovens que precisam estudar com profundidade para poderem obter bons estágios e inícios de carreiras. Falemos de profissionais que estão em empresas que acabaram de ser alvo de uma fusão, em que mudam os acionistas e surgem novos chefes e diretores. E culturas novas. Enquanto escrevo este livro, uma das maiores empresas químicas do planeta, a Syngenta, acaba de ser absorvida por uma megacorporação estatal chinesa, a ChemChina. É claro que para quem está nessas empresas tudo muda. E se diretores, gestores, funcionários e distribuidores dessa marca não tiverem suas crianças renovadas, não vão resistir às inexoráveis mudanças do jogo. A brincadeira vai mudar, pois os donos da bola têm seu composto de missão, visão, valores, escalas globais estratégicas diferentes da secular base anterior da corporação. Logo, bem-vindas as novas crianças para ensaiar o novo jogo.

Quero dizer, amiga leitora e amigo leitor, que a arte da adaptação para a mudança se faz como vigor da nossa criança. Portanto, uma coisa vital para ensinar ao nosso guerreiro é a competência de não se entregar, jamais desistir e sempre querer participar e ser protagonista das brincadeiras do viver.

Dessa forma, conversando agora de adulto para adulto, com a criança no pano de fundo do nosso cenário, vem aqui uma questão que define cada um de nós para a arte da luta e o preparo dos nossos guerreiros. Pergunto a você, e espero respostas marcantes e concretas:

O QUE VOCÊ FAZ? O que você faz não define o que você é ou quem você é. Mas o que você está fazendo define o que você está sendo e qual papel está desempenhando no cenário das operações guerreiras de uma vida. Quem nós somos será sempre maior do que aquilo que estamos sendo. O que fazemos agora não é o que podemos vir a ser. Pois existe uma fé neste livro, sem a qual ele de nada adiantaria. A fé com que trabalhamos é a de que recebemos o dom do desenvolvimento, do aprendizado, e que isso pode ser levado a limites inimagináveis por todo e qualquer ser humano, dependendo da força da sua vontade. Mas essas expressões geniais e grandiosas não começam geniais e grandiosas. Elas surgem como sementes. Mas elas já existem, através da evidência. Então me diga: o que você faz agora?

O que você faz agora situa você no elenco da vida. Seria o nosso jardim da infância. Não mais aquele dos nossos 3 ou 4 anos, mas o do agora. O que você faz agora, na escala do progresso do seu guerreiro, deve ser visto como o jardim da infância. "Crianças usam palavras, brincam até aprender. Apreendem um significado que estava além do seu alcance – a clara e completa compreensão de novas ideias precede sua formulação e sua expressão final", Karl Popper, filósofo austríaco naturalizado britânico.

Portanto, o que você está fazendo agora nos revela o que você está sendo. Os exercícios do presente. Outra questão é sobre a quantidade do que você faz. Quanto você faz? Você é abundante na sua produção? Ou da sua torneirinha escorre um fiozinho de água tênue e minguado? Você brinca do quê? Quantas brincadeiras você brinca? Só uma ou múltiplas? Sobre o que você faz, são coisas concretas mesmo? Quer dizer, o que você extrai da sua existência na forma de contribuições exteriorizantes? Trabalho. Não se preocupe aqui com valor, dinheiro, posição e status. Tudo isso é decorrência de um processo, de muito aprendizado, erros e tentativas, e acertos – quase sempre originados pela lei *serendipity*, lei essa de acharmos o caminho do nosso sucesso em pedaços que não estávamos exatamente procurando, que brotam; lei essa que só explode na nossa frente a partir do momento em que estamos fazendo – e fazendo muitas coisas. O tempo conta e é preciso descobrir logo, desde criança, na juventude...

Meu pai morria de medo que eu não conseguisse me manter sozinho depois da sua morte. E me colocou num colégio para aprender eletrônica. Eu era o pior aluno da classe na matéria. Não consertava nenhum aparelho, só aumentava o dano. Descobri cedo que eu seria na melhor das hipóteses um medíocre técnico em eletrônica. Graças a Deus, descobri cedo o que eu não era.

O futuro não será uma fartura de confortos e comodidades. Ao contrário. Os futuristas asseguram que teremos cada vez mais uma distribuição do desconforto. O futuro vai incomodar. Sim, pelo menos um incômodo mental, comparado ao que poderíamos imaginar como sendo nosso sonho de vida confortável dentro dele. O atual primeiro-ministro de Portugal, António Costa, negociando seu orçamento na Europa com a comissão europeia, declarou: "Tivemos que fazer concessões, ninguém pode fazer negociações e chegar a acordos no pressuposto de que os outros não fazem concessões", e sobre os conselhos que passou à população, incluiu: "A respeito dos impostos indiretos que sobem, usem mais transporte público, deixem de fumar e moderem o recurso ao crédito", Costa tratou de austeridade.

Vale essa citação neste livro sobre guerreiros que não nascem prontos pois uma nova geração de líderes públicos precisará enfrentar com ética e verdade o fim das promessas mentirosas e impossíveis de serem entregues pelos enganos populistas. A nova promessa será trabalhar mais, melhor, ser mais saudável, compor redes colaborativas, dedicar-se ao voluntariado, nunca parar de estudar. E ser feliz, como sintetizou Freud, será decorrência de "sublimar os instintos e amar um trabalho, uma causa, a ciência, a arte", e, como apontou Viktor Frankl, "é impossível ser feliz sem ter uma causa pela qual valha a pena viver – o ser humano se transforma na causa que faz sua".

Então o que você faz situa você no GPS, no Waze da jornada da vida agora. Quanto você faz revela seu potencial. A qualidade com que realiza. O que você faz agora? Considera-se um dos melhores nesse trabalho ou está no time da média? Não importa o que seja. A qualidade, o prazer de fazer bem-feito, seja no que for, é o jardim da infância do guerreiro que não nasce pronto, mas que vai se aprimorar e chegar lá. Fazer muitas coisas. O acaso traz sorte às mentes ligadas.

Darwin tinha um monte de atividades paralelas: criava pombos, escrevia artigos sobre besouros, analisava o impacto das minhocas sobre o solo, admirava e estudava recifes de coral. Nada disso apareceu na sua grande obra *A origem das espécies*, mas sem dúvida retalhos de tudo isso o inspiraram a ver o que ninguém viu. E o prazer de fazer bem-feito é um aprendizado que se espraia pelo cérebro e provoca efeitos automáticos na nossa vida. Benjamin Franklin, antes de ser um líder público e estadista, brincava com experiências elétricas, pesquisava sobre a Corrente do Golfo, fez o design de fogões e foi um bem-sucedido impressor. Outro brilhante guerreiro cientista, o médico John

Snow, tinha como missão, em 1850, resolver o drama gigantesco do cólera em Londres, mas junto com isso criou tecnologias para a gestão do éter, pesquisou o envenenamento por chumbo e nunca abandonou suas atividades como médico clínico geral, atendendo seus pacientes.

Então vamos lá, o que você faz agora? Quanto faz agora de diversas coisas? E o esmero com o qual produz? "Esmero" vem do latim *exmerum* e significa máxima qualidade, cuidado, primor, capricho. Na origem, significa tornar adequado, purificar. A busca da perfeição. Gustavo é um menino de 11 anos apaixonado por montagens. Neto da Edmea, que trabalha comigo há trinta anos, ele me faz neste instante carregar para o Brasil uma volumosa caixa de Lego da casa dos Simpsons. Essa criança ama realizar isso com total esmero. E Celsinho, um adulto de 30 aninhos, vai fazer isso junto com o Gustavo. São esmerados no ato de realizar um hobby. Mas é muito além disso. Assim são os jogos da vida, e jogá-los com intensidade representa uma arte fundamental para a preparação dos nossos guerreiros que não nascem prontos. Arthur Koestler, escritor húngaro que escreveu sobre a história das inovações, em seu livro *The actofcreation* [O ato da criação] afirma: "Todos os eventos decisivos na história do pensamento científico podem ser descritos em termos de fecundação cruzada mental entre diferentes disciplinas".

Vamos lá agora. Você e eu. O que você faz? Registre aí. Quantas coisas você faz além dessas? Registre também. O que enche você de prazer e satisfação no que faz, com o qual pode vibrar com seus resultados?

No que você é bom? Como nos jogos das crianças, ao escolher o time de futebol ou vôlei, você seria o primeiro escolhido ou o último, o da sobra, o contrapeso? Não digo isso com a loucura de que devemos fazer muitas coisas e sermos geniais em tudo. Não. Ao vivermos várias experiências, elas se somam umas às outras. Depois conseguimos ver onde reside o melhor da nossa vocação, do nosso dom. Isso canaliza nosso foco, o fogo das nossas paixões. Esse sentimento íntimo nos motiva. Nada pode ser mais poderoso do que a sensação do êxito, do sucesso. Prazer com as realizações provoca mais prazer com as realizações. E isso só obteremos naquilo que amamos. Na vontade onívora de fazer acontecer associada a um talento, a uma descoberta de nós mesmos, o encontro do nosso "dom", palavra que vem do latim e significa a habilidade natural de um ser humano na realização de uma obra. Da mesma forma no cristianismo, na parábola dos talentos, em que um homem rico, antes de sair numa longa viagem, dá a seus três servos, respectivamente, 5 talentos, 2 talentos e 1 talento. Os dois primeiros investiram e dobraram o capital, o terceiro enterrou o talento e o devolveu ao senhor, quando ele retornou. Os dois primeiros foram elogiados e o terceiro, punido. Se trouxermos isso para a existência que recebemos, se investirmos na vida, dobraremos o capital da nossa própria vida. Se enterrarmos para apenas sobreviver, sem dúvida ao final seremos punidos pelo senhor de todos os senhores. Aqui, porém, neste instante, o que interessa é o que fazemos, nós mesmos, com a vida que temos.

A questão seguinte ao o que você faz, quanto, com qual intensidade e qualidade está em "para quem?". Começamos fazendo para nós. Para cada um de nós. Em seguida, para alguns. E, como guerreiros ascensionados, terminamos fazendo para muitos.

Um aluno veio conversar comigo, pedir ajuda para arrumar um estágio. Não posso prometer êxito, mas sem dúvida me comprometo com a luta. Pedi que me mandasse seu currículo. Eu tinha em mente indicá-lo para um amigo que tem uma ótima startup na área da rastreabilidade. Esse aluno me enviou o currículo delimitando que só queria estágio em grandes companhias e ainda menciona as empresas: Syngenta, Bayer, Basf. Nada adequado, humilde ou "serendipiano". Passei a prestar atenção no jovem. Estava muito carente de atitudes aqui e agora que oferecessem a ele condições competitivas para ter sucesso numa ampla e rigorosa seleção dentre milhares de jovens nos programas de novos talentos dessas megacorporações globais. Havia uma série de problemas que já tratei lá atrás, neste livro, referentes à lei do mínimo. Faltava postura de presença, foco e concentração na aula. Pouco engajamento. Baixa curiosidade. Enfim, estava perante um jovem cuja criança interior já tinha adormecido há anos. Não deixarei de encaminhar seu currículo e procurarei dar orientação e conselhos. Tudo vai depender de quanto ainda existe ali um menino para ouvir e curtir o brincar de novo. De qualquer forma, não mandarei o currículo dele para o meu amigo da startup, pois isso frustraria ambos. Por outro lado, como a vida sempre é farta em nos apresentar contrastes, na mesma classe outro aluno me procurou e, a partir de um ponto inovador apresentado e discutido em classe, também se candidatou a mergulhar naquele tema, aprender, e levar aquele conhecimento para as regiões mais necessitadas do seu país. No caso, o Nepal. Ambos os jovens estavam sob as mesmas circunstâncias e no mesmo ambiente. Observe a diferença de abertura para o mundo desses dois exemplos. Sim, é possível observar no aluno que deseja aprender o novo para levar conhecimento para muitos um espírito infanto-juvenil puro. E no outro que deseja e seleciona as grandes corporações um adulto sério e severo falando. Mas existe um grande drama para o último. Ele ainda não sabe nada, não tem experiência, e precisará aprender muito. Um estudo desenvolvido pela Universidade Harvard identificou que cerca de 70% dos jovens escolhidos pelas empresas para serem os *high potential*, ou seja, aqueles que poderiam ser seus líderes amanhã, não servem ao futuro. E a razão? Eles já não têm mais dentro de si o poder infantojuvenil da curiosidade, da abertura para o aprender a aprender. Cora Coralina, Roberto Marinho, o amigo maestro João Carlos Martins, o professor Predebon da ESPM, o senhor Shunji Nishimura e Oscar Niemayer são apenas alguns poucos exemplos de seres humanos que iniciaram gigantescas obras depois dos 60 anos. E persistiram, alguns deles ainda persistem, por terem guardado dentro de si uma fonte eterna da juventude: as suas crianças vivas.

E o captar uma centelha de oportunidade e transformá-la numa chama viva de energia, exemplifico por outra aluna que, sabendo da vinda na classe de executivos de uma empresa inovadora, fez por sua conta e iniciativa uma apresentação do seu pensamento e propostas, e pediu vinte minutos para mostrar, como contribuição dela, estudante, para todos. Adorei e estimulei. Assim foi feito. Agora recebo um e-mail de extrema felicidade, com essa aluna comemorando a sua contratação na Europa, exatamente por aquela empresa. Ou seja, fez de uma centelha um fogaréu intenso e criou o calor vivo de um caminho estimulante para a sua carreira. Todos estavam lá. Todos participaram. No entanto, somente ela estudou antes e investiu numa apresentação de Power point para dar visibilidade de si mesma.

Então, vamos reunindo as peças do quebra-cabeça, os retalhos do *patchwork*: você precisa ter várias coisas para fazer. Seja com ou sem fins lucrativos. Voluntariado, trabalhos. Paixão por trabalhos, estudos. Precisa analisar o seu poder de amabilidade. Adultos não gostam de crianças "chatas". A amabilidade atrai ajuda. Precisa ter curiosidade, gostar de coisas novas, aprender jogos novos. Ter um espírito aberto para a inovação, a criatividade, a coisa da criança. Começar de novo, como as crianças fazem. Jogar fora o passado que não interessa. Recriar a sua criança interior, o passo 1 dos guerreiros que não nascem prontos.

CAPÍTULO 9

VALORES E ENGAJAMENTO EM SENTIDO PROFUNDO – MÉTODO 2

"Se tivermos um bom 'por que viver', encontraremos o 'como viver'."

– Viktor Frankl

Dar força àquilo que parece fraco é a missão de um candidato a grande guerreiro. É necessário dar sentido às experiências, pois o universo é um bombardeio experiencial. Imagine-se numa sala com uma tela em 360 graus. Com um som surround de forte impacto. Acrescente a isso holografias, tudo em *ultra-high-definition*. E ali está você, no centro desse útero chocante, até que a porta dessa sala intergaláctica é aberta e você é interrompido pelo filho procurando pelo game, pelo marido querendo saber do roupão, pela esposa dizendo que você não tem jeito mesmo e deixa o banheiro uma imundície ou que não entende por que você não toma banho há dois dias, pois não viu nenhuma toalha molhada espalhada pelo chão!!! Então lá vamos nós, viajantes desta nave caótica submissa e sujeita a todos os impactos imagináveis e inimagináveis. Fora isso, ainda há as notícias das corrupções, das tragédias, das epidemias, dos aviões, da mudança climática, e no seu celular o WhatsApp não para de ser invadido pelas últimas ofertas da loja da esquina. Portanto, aqui estamos nós, no século XXI, rumo à segunda década, com todos os nossos nervos expostos onde o meio já ultrapassou a mensagem e nós mesmos, cada um de nós, virou uma mídia.

Como sintonizamos a nossa estação de rádio? Ondas claras de transmissão misturadas com a estática. Não existe mais silêncio no ar. O ruído, o áudio e a interferência são permanentes. E aqui estamos nós precisando educar os nossos sentidos para prestar atenção. Mas prestar atenção no quê? Seriam os salvadores da humanidade realmente guerreiros da redenção ou apenas beneficiários de uma luta de dominação? Qual a consequência de onde você coloca o foco de suas atenções? Qual o castigo para as distrações? Como acertar na chave do sucesso? A concentração, o foco e a emissão dos nossos sentidos definem nosso rumo e nossa direção na vida. Um distraído é o que pula de estímulo em estímulo, como o saltar de galho em galho. Na vida animal, o macaco pula entre galhos, mas sabe qual o fraco e quebrado, distinguindo-o do galho que suporta seu peso. Da mesma forma, não vai confundir cipó com cascavel. O permitir-se tocar vários sinais do mundo não significa erro de dispersão. Afinal, no incerto, no novo, há sempre uma carga de utilidades para alinhavar naquilo que construímos. Dessa forma, todo o bombardeio do universo pode ser útil, ou desesperador, dependendo dos seus valores e do engajamento num sentido profundo que você ou eu tenhamos.

Todo incomodar dos incômodos planetários – a natureza explodindo entre si – pode ser útil ou inútil, dependendo da nossa hierarquia de valores e do engajamento profundo de um sentido, de um propósito, de um forte "por que viver".

Os valores são chaves que abrem portais, ou fecham, ou os ignoram. Na neurolinguística, John Grinder e Richard Bandler estudaram a reengenharia dos valores. Estive com Grinder nos Estados Unidos e constatamos que a hierarquia de valores, com a qual tomamos decisões a cada instante, nos leva rumo a portos distintos. Por isso compreender como estão nossos valores encadeados no nosso processo mental decisório é fundamental para educar os nossos guerreiros a saltos mais amplos e ascensionais. Na verdade, estamos hipnotizados pelo comando das nossas chaves de valores. Uma pessoa extraordinariamente severa consigo mesma e com o mundo que a cerca jamais conseguirá a liberdade do perdão. Uma hierarquia de valores severa, como responsabilidade, execução, rigidez e perfeição, pode ser muito útil e vital em determinada circunstância da vida do guerreiro, mas totalmente imprópria em diversos outros momentos da vida. Da mesma forma, uma hierarquia de valores formada por criatividade, flexibilidade, tolerância e amizade pode ser genial e cativante em diversas circunstâncias, em outras pode ser catastrófica – para levar e concluir um projeto dentro de limites de tempo, por exemplo. O que Grinder me contou nas nossas conversas e depois aprofundei em estudos da programação neurolinguística: acima das nossas estratégias de comunicação visuais, auditivas e sinestésicas, existem os valores e a forma como os encadeamos. E são os nossos valores que terminam por definir no automático do viver aonde chegaremos. Grinder assegura que "umas poucas palavras bem escolhidas e ditas no momento oportuno podem transformar a vida de uma pessoa", e por isso aqui estamos entendendo que guerreiros não nascem prontos. Podemos criar e ser seres humanos de múltiplas escolhas e "re-hierarquizarmos" nossos valores conforme as circunstâncias vividas. Ah, mas existem valores que não são mudados e que mudam todos os outros. Sim, existem. E aqui entra a sua fé, a sua determinação inabalável. Coisa da formação ética do berço. Valores como dignidade, liberdade e humanidade são constantes na ignição de todos os demais. Se você não ganha dinheiro, é porque o valor "riqueza" não está no encadeamento da maneira pela qual você negocia e decide a sua vida. Dessa forma, alcançar patrimônios e ficar rico exige ter, dentre a meia dúzia de valores decisórios de suas atitudes, o aspecto financeiro. Conheço uma cámpeã na sua área que dirige um escritório de consultoria com sucesso no mundo inteiro. Sua hierarquia de valores passa por excelência, *timing*, escalabilidade, dinheiro e relacionamento. Sua vida se orienta por essa escala de valores. Cobra caro, produz excelência, tem velocidade, atende a muitos clientes e tem um poderoso talento para o relacionamento, o que significa a arte de vender mais e mais. Contudo, essa executiva precisará rever sua escala de valores – ela é uma guerreira que aprendeu muito da profissão, dos negócios, da economia e do mundo, mas atingiu a idade de deixar a presidência do grupo. Qual gene precisará incorporar ou substituir no seu código de valores? Isso será definido pelos padrões de seus valores superiores, aqueles da alma. Ela poderá destinar sua vida futura à educação e a deixar um legado de conhecimentos para as novas gerações. Ela poderá se transformar numa brilhante mentora de novos executivos ou numa coach. Ela poderá, com sua competência empreendedora, inovar em novas áreas de negócios. Poderá buscar uma vida não mais na atividade com fins lucrativos e se dedicar a filantropia. Isso será decidido por algum sentido superior que a faria continuar aprendendo, continuar a ser uma guerreira, mas agora num patamar mais elevado. Se o seu sentido de vida a levar a deixar legados e dedicar-se a ajudar pessoas e instituições filantrópicas, na sua hierarquia de valores sem dúvida precisaria continuar existindo excelência e relacionamento, mas entrar solidariedade e cooperação. Sempre presto atenção e admiro meu amigo o maestro João Carlos Martins, acima da música, das suas orquestras, agora também se enriquece com ações sociais que viabilizam um mundo acessível para centenas de jovens de comunidades de baixa renda. Conseguiu os saltos do reaprender sobre si mesmo, o de aprender para doar para alguns e agora, um grande guerreiro, redistribui para muitos.

Somos o resultado dos valores da nossa hierarquia mental. Muitos humanos vêm com uma programação feita não por eles próprios, mas pela cultura de onde foram criados, pela família, pela mídia, pela influência do bairro. Isso serve positiva ou negativamente. São valores que nos trazem até determinado ponto. Contudo, ao guerreiro chamado para as lutas do mundo, é preciso parar e se olhar de fora para dentro. Avaliar como decide e como tem decidido sua vida. E como reage em fração de segundos aos incômodos e às provocações do arsenal gigantesco de insights que recebemos, principalmente agora num mundo mediático, com mais celulares do que população no planeta. "Para aprender o máximo possível de qualquer situação ou experiência, necessitamos recolher informações sob o maior número de pontos de vista", segundo Grinder.

Os guerreiros se recriam e se preparam para lutas em planos mais elevados a partir da revisão do eixo dos seus sentidos de vida e depois revendo a hierarquia de valores, que decidem, automaticamente, cada ato, cada olhar, cada percepção e cada foco do seu cérebro.

Quando sob choques ou traumas na vida – ao perder um ser muito amado, por exemplo –, podemos incorporar o valor da compaixão, se ele estivesse ausente até então. Ao presenciarmos cenas sofridas, dores alheias que nos comovam, podemos incorporar solidariedade, compaixão. A impiedade de alguns pode acentuar o nosso valor de piedade. É inesquecível aquela cena da cinegrafista da TV húngara chutando e passando rasteira em imigrantes num campo de refugiados. Ao ultrapassarmos uma época de crise e dificuldades na nossa empresa, como quando precisamos fazer cortes e dispensar pessoas das quais gostamos, podemos incorporar o valor da austeridade no orçamento e nos custos futuros como um valor imutável da organização. Geralmente alteramos a hierarquia dos nossos valores na forma com a qual passamos a tomar decisões como respostas e adaptações ao ambiente externo que muda. Alguns sensíveis o fazem. Inclusive porque o valor da sensibilidade está dentro de sua hierarquia decisória, independentemente do maior ou menor grau de rupturas externas. Portanto, precisamos aprender a domar e a tomar o nosso destino como protagonistas, e não como vítimas. Isso significa compreender a importância de um sentido superior, ou de alma, maior, que sirva como guia para nossas decisões ao longo da vida. E, sobre os valores, sermos nós mesmos os hipnólogos das nossas percepções. Sermos nós mesmos os geneticistas dos nossos códigos de valores, ou os memeticistas, se preferirmos usar a denominação criada por Richard Dawkins, outro genial e incrível guerreiro que aprendeu o impossível e nos ensina o poder de que o impossível não existe. E essa mesma personalidade continua sendo um guerreiro que não nasce pronto e que nunca fica pronto. Agora, motiva-se com um projeto incrível de aprendizado na busca de vida extraterrestre. Sem dúvida, ao mergulhar nesse desafio, Hawking está aprendendo o que jamais aprenderia se sua alma infantojuvenil não gostasse de continuar brincando e jogando com o Universo.

No que diz respeito ao código de valores, faça uma lista gigantesca deles, a mais ampla possível.

> Alguns exemplos: coragem, dinheiro, ousadia, amizade, fraternidade, solidariedade, competitividade, paixão, integridade, verdade, liberdade, criatividade, empreendedorismo, cooperativismo, associativismo, relacionamento, simpatia, empatia, agressividade, velocidade, sobriedade, disciplina, persistência, humor, humildade, compaixão, combatividade, educação, curiosidade, inovação, irreverência, reverência, saúde, justiça, imparcialidade, comunicação, parcimônia, austeridade, alegria, simplicidade, diversão, sensualidade, meritocracia, amor etc.

Uma vez que sabemos que guerreiros nunca nascem prontos, é importante estarmos disponíveis para rever nossa hierarquia de valores e introjetar um novo valor, conforme o nosso comando determinar, e não de acordo com os hipnólogos das mídias ou comandos externos. O doutor Luiz Macedo, do

Hospital Albert Einstein, fez duas cirurgias em mim, e assim conheci um ser humano notável. Com a simplicidade e a naturalidade de um guerreiro que continua em ascensão, ele me contou sua história. Aos 12 anos, levou uma patada de cavalo no rosto. Ficou com uma das faces prejudicada. Sua visão também foi afetada. O ainda menino Macedo era atendido por um médico que o queria bem e perguntava o que ele queria ser quando crescesse. E o ainda garoto respondia: cirurgião. O médico dele então o aconselhava a abandonar essa ideia, afinal um cirurgião precisaria ter uma precisão total da visão. O menino não se deixou levar por essa transformação dos seus ideais, de um sentido, de uma vocação e de um dom, e decidiu estudar medicina. Quando já estava na fase de residente de 2º ano num hospital de São Paulo, no final do ano, ficou sozinho no plantão de emergência. E, por uma dessas incríveis coincidências que a vida nos arruma, surgiu uma emergência grave, a qual o jovem médico residente estava com medo de enfrentar sozinho. Ligou para os chefes que estavam fora da cidade, explicou a situação, e ouviu deles que não haveria problema nenhum, o jovem doutor Macedo estava, sim, pronto para realizar o procedimento. Foi ao centro cirúrgico e, quando lá chegou, teve uma surpresa brutal. A pessoa que aguardava para ser atendida emergencialmente era o médico que lhe havia dito que jamais seria um cirurgião. Perguntei ao doutor Macedo qual a diferença entre ser submetido a uma cirurgia com ele ou com outro médico. Ele pensou e respondeu: "Comigo os fatores incontroláveis terão menos chance de interferir, pois tenho uma imensa capacidade de ver microdetalhes que podem passar despercebidos para muitos", e emendou relatando uma história de uma videocirurgia internacional da qual participou na qual foi o único que viu um aspecto vital, que tinha escapado a todos os demais médicos ali presentes.

O doutor Macedo fez e faz da sua vida uma causa pela qual vale a pena viver. E segue uma hierarquia de trabalho, na qual seus valores apontam para a excelência, a dedicação, o orgulho, a ciência, o aprendizado e a inovação. O doutor Macedo é considerado um dos mais competentes nas intervenções por robótica.

Então como ficamos, você e eu? Em meio a todo esse burburinho, à torre de babel galáctica, à interatividade e à geração "imediática", em que tudo tende ao imediato e ao mediático, se não calibrarmos as nossas estações, elas não vão pegar no rádio da nossa vida. Vai dar ruído e estática. Um pouco de estática não faz mal, afinal quem somos nós para querermos viver sem o caos. Impossível; mas a sintonia precisa ter uma emissão de cada um de nós para que o universo nos ouça. E que, ao nos escutar, entre em contato, fale conosco. Para que isso ocorra, precisamos falar com o mundo lá fora. Precisamos do sentido de vida e de uma hierarquia de valores. Dessa forma, nosso guerreiro poderá ser alimentado com as ferramentas, a ciência, as descobertas e as informações e obter o aprimoramento desse eterno aprender a aprender.

Assim sendo, hoje pontuo minha escala de valores tendo a palavra "aprendizado" como a número 1. Pedagogia é a segunda, pois minha profissão é a arte de ensinar. A terceira nessa fração de instante que se transforma em todas ao mesmo tempo é "amor", pois não haveria sustentação para a aprendizagem e muito menos para o esforço do ensinar pedagógico sem amor suficiente. O quarto elo dessa minha corrente do DNA dos valores que neste momento me movem é a coragem. Sem coragem, não diríamos o que precisa ser dito e não enfrentaríamos os incômodos, e correríamos o risco de a resignação se apoderar de nossa vida. O quinto ingrediente da minha hierarquia de valores, neste tempo da minha vida, está na "distribuição". Sem o compartilhamento desses conhecimentos, não ocorreria sua fecundação, sua retroalimentação, e consequentemente o aprender a aprender ficaria prejudicado. Por isso, e exatamente por isso, eu passo dias e noites no palco da minha pousada, no recanto do Adagio, em Nantes, escrevendo, reescrevendo, e com foco total neste livro. Ao lado de onde estou, um castelo monumental marca o passado também monumental do vale do Loire, desta Bretanha de França. Ali viveu uma mulher poderosa, Ana, duquesa da Bretanha. Em seu tempo, teve a seu serviço os mosqueteiros do rei, além da competência guerreira de se casar duas vezes com dois reis. As mulheres se definem cada vez mais como as legítimas guerreiras, agora de um novo tempo, como executivas, empreendedoras, comunicadoras, mães, amantes, independentes e livres. Conseguem e fazem ao se recriarem como guerreiras em desenvolvimento, pois carregam dentro de si o sonho da superação e o poder de um limiar de dor mais expandido. E parte dessa competência, um limiar de dor ampliado, é cada vez mais uma exigência fundamental para o nosso guerreiro cavalgar rumo ao aprimoramento. Guerreiros não nascem prontos, e as mulheres são a expressão da luta da vida com a vida, na concepção, gestação, maternidade e libertação. Afinal, metade do mundo é composta de mulheres, e a outra metade de filhos da primeira parte.

Existem preços que pagamos, sem dúvida, para a formação interminável dos nossos guerreiros. Um guerreiro em desenvolvimento consegue transformar o desagradável para muitos num monte de prazer. Consegue ver satisfação no que os demais olhariam como incômodo. Você consegue imaginar um médico do passado desobedecendo às leis e arriscando-se para arrumar cadáveres para dissecá-los, algo proibido? Consegue imaginar o meu amigo Mauro Quintão, empresário brilhante do Espírito Santo, cheio de satisfação limpando lixo hospitalar? Consegue acreditar na alegria dos valorosos lixeiros de São Paulo correndo saltitantes atrás dos caminhões de lixo e botando sacos para dentro da caçamba? Consegue compreender a paixão de Marcos Dalmar, até pouco tempo atrás diretor de unidades da Fundação Casa, lidando com menores infratores e fazendo disso seu sentido de vida, a ponto de agora iniciar um serviço junto a uma ONG com o objetivo de prevenção, buscando criar ambiente para gerar alternativas dignas para os meninos fora do crime?

Aos valorosos guerreiros, sempre será importante uma boa dose de tolerância. Muitas vezes não serão entendidos, e cabe a eles entender. Quando minha mulher volta do passeio e me lasca uma bronca porque passei o dia escrevendo, nada melhor do que me levantar, lhe dar um beijo e dizer: "Te amo, querida, acabei de falar de você no novo livro". Pronto, fica bem resolvido. "A criatividade é contagiosa, passe-a adiante", disse Einstein. A arte da preparação do guerreiro está agora no "como fazer", não no "o que fazer". Não tenha dúvida: o sucesso da sua vida não é o que as outras pessoas pensam, é o que você pensa.

Bem, e sobre o encontro do sentido, dos valores, não tem jeito: "Você não pode produzir alguma coisa interessante a menos que esteja interessado em alguma coisa", afirmou Will Gompertz, editor de artes da BBC.

E, sem dúvida, querida leitora e querido leitor, para criar esse guerreiro dentro de nós precisamos, sim, de coragem. Pois vai doer... mas passa... eu juro que passa.

CAPÍTULO 10

O LIMIAR DE DOR EXPANDIDO AMPLIA O HORIZONTE E O TAMANHO DO SUCESSO DO GUERREIRO – MÉTODO 3

"Um grande campeão no MMA precisa ter limiar de dor expandido – sem isso, por mais que bata, seja agressivo, tenha
técnica, jamais será um grande campeão."

RICARDO MORGANTI, MESTRE DE MMA

Conheci o Morganti, e tivemos uma ótima conversa sobre o preparo de
lutadores para o MMA, *mixedmartialart* [artes marciais mistas], uma luta
de todas as lutas. Falamos sobre a preparação dessas pessoas para uma atividade exposta, na qual seus limites são colocados à prova e demonstrados.
Fundamentos clássicos perduram no jiu-jítsu, como "Quem teme perder já
esta vencido". Falamos de 90% de preparação e 10% de genética. Um bom
atleta vem pronto para a luta na sua concepção física e orgânica, na sua agressividade. Contudo, se não der os 90% de treino e disciplina, jamais será um
campeão. Da mesma forma, na arte marcial aprendemos com as derrotas. As
derrotas são mestres. E há uma imensa importância no mestre – a confiança
nele, o preparo com seus conselhos. E mesmo nessa atividade extremamente
individual, a importância da equipe é vital. Está na equipe a recuperação do
estado de ânimo após uma infelicidade da derrota. A equipe significa algo
maior pelo que lutar. A equipe traz o sentido do espírito de corpo da academia. Acompanhando um dia de treino com o Morganti, ele me disse que se o

treino é difícil, a luta é fácil. Os treinos são duros, muito duros. Vi atletas ampliando sua capacidade de receber golpes, chutes, em sessões trocadas, sem a defesa. Da mesma forma, o Morganti me disse o que fala para todos os seus atletas: "A vida sempre vai bater muito mais do que aqui dentro do ringue". São interessantes a disciplina, o treino duro, a equipe, o mestre, o aprender com a derrota. A agressividade (que não deve ser confundida com violência) e a propensão genética são indispensáveis a um grande campeão. Contudo, o que mais me chamou a atenção nesse diálogo com um mestre da arte marcial, foi o "limiar de dor". Fui investigar quanto de dor os guerreiros que superam e se transformam têm dentro de si e comparar com outros que não conseguem. Concluí que um fator crítico de sucesso para guerreiros progredirem na vida, em qualquer campo, está exatamente no que o mestre do jiu-jítsu, o Morganti, explicou como "limiar de dor". A vida sempre vai bater. Então, não adianta. Por mais bem preparado que você esteja – ter estudado em ótimos colégios, conhecer vários idiomas, ter estagiado em grandes corporações, ser sucessor e herdeiro de uma fortuna, ter nascido em família rica e da elite, ter sido protegido e mimado –, a vida vai pegar, vai bater. Um oriundo da base da pirâmide já sai apanhando logo cedo, com as dificuldades estruturais que ampliam e dificultam a chance de sucesso e de atingir a riqueza. Mas, como já vimos, classe social não determina por si só acesso ao êxito. Isso sempre vai depender da escalada do aprendizado de cada guerreiro. Uma pessoa pode, sim, ser favorecida por melhor acesso, alimentação e educação desde a infância, e, claro, isso seria um facilitador da vida. Sim, mas desde que a educação desse jovem mais afortunado seja feita com a prudência e os rigores de quem ama, mas não confunde meritocracia com facilidades e eliminação do desconforto com amor. Pais, mestres e mentores existem para preparar guerreiros para a vida, e não para enfraquecer seres humanos. Um dia, a gaiola de ouro se abre, e o canário precisa voar. Muitos se negam a sair da gaiola. Mas isso de nada adianta, pois os falcões da competitividade terminam por arrombar as suas portinholas.

Agora, aqui entre nós: todo esse progresso, todo esse aprendizado, toda essa transformação e mutação vão doer. Será o mesmo limiar de dor da arte marcial. Por mais que você saiba se defender, bater, evitar lutas tolas, escapar de conflitos desnecessários, não tem jeito, precisa saber apanhar. A vida vai bater, mais cedo ou mais tarde. Então esse limiar de dor representa não se deixar paralisar pelas primeiras dores das pequenas torções. Essas torções existem em grande parte graças ao aumento imaginativo do medo do que dói. Estão num pedestal do ego. E são, em grande parte, ilusões.

Guerreiros não nascem prontos, e vai doer se tornar um. Então comece acabando com as ilusões infantis, (nunca se esqueça da minha definição, sonho é o desejo veemente, ilusão é o engano dos sentidos e da mente... sonho é o que você faz com a realidade enquanto sonha, e ilusão é o que a realidade faz com você enquanto você se ilude) que foram colocadas na sua cabeça não por você, mas por sua família, parentes, amigos ou pela própria mídia. Trazemos conosco modelos e padrões de um mundo ideal totalmente harmônico, quase perfeito. Não conseguiremos ser bons em tudo. Não conseguiremos fazer nada sozinhos. Não conseguiremos parar de estudar nunca. Não conseguiremos parar de nos doar às relações humanas. Precisaremos conviver com pessoas das quais não gostamos. Precisaremos aprender a gostar de lugares aos quais não queríamos ir. Precisaremos aprender assuntos que não imaginávamos que um dia seriam necessários. Você, como guerreiro ou guerreira, terá de admirar ciências exatas, mesmo sendo nada vocacionado para isso; ou, se da área de exatas, precisará admirar ciências humanas, mesmo sendo tímido e introvertido. E, recomendo geral, para todo ser humano: faça um curso de teatro. Não precisa ser longo. Mas faça. O teatro transforma a vida de quem assiste, mas muito mais de quem interpreta. Nosso guerreiro será chamado para expandir limites. Nosso guerreiro será convocado para mudar de ideias.

De quantas pessoas eu não gostava a princípio e, depois de ser obrigado a conviver com elas, terminei por mudar completamente de ideia. Por quê? Simplesmente porque o erro era meu.

Quantos trabalhos eu achava odiosos e mudei de ideia ao conviver com eles e com as pessoas que adoravam aquilo que eu detestava. Por quê? Simplesmente porque o preconceito era meu.

Um dia decidi que não queria mais ter equipes. Não queria mais saber de liderar ninguém. Queria ficar no meu cargo de diretor de novos negócios, *new media*, planejamento estratégico, com nada mais do que apenas cinco ou seis pessoas trabalhando comigo. Como, porém, a vida não sossega enquanto não nos provoca e nos incomoda, lá veio a convocação. Fui chamado para comandar um grupo gigantesco que chegava a ter, em momentos de pico, mais de 3 mil vendedores em segmentos e áreas distintas. Meu Deus, pensei. No entanto, dada a situação não poderia negar. E lá fui. E aquilo que antes eu via como um "inferno" se transformou numa das experiências mais ricas e gratificantes de toda a minha vida. Mais tarde, foi graças a ela que galguei postos até então impensáveis, como a presidência de empresas e instituições, onde aprendi e continuei aprendendo. E não fosse fazer isso que eu, a princípio, não queria fazer, que terminei por desenvolver uma real e viva experiência que me permitiu fazer conferências internacionais com domínio desses saberes, impossíveis de serem adquiridos se não fossem legitimamente vividos. Essa experiência ocorreu no Grupo do jornal *O Estado de S. Paulo.*

Não diga não, talvez a arte maior do nosso crescimento esteja exatamente em transformar nãos em sims, ou saber que ouviremos muitos nãos para obter um sim. Arte rica da venda.

Entretanto, quanto aprendi também com gente agressiva, mal-educada, boca dura. Pessoas desagradáveis. Gente ruim. Mas que coisa... Aprendi com essas pessoas como não ser, e aprendi com elas que não me assustariam mais, e aprendi com elas que em determinadas circunstâncias, algumas da vida real, eu também precisaria saber ser agressivo, deseducado, briguento (em 10% no máximo das vezes, pois em 90% delas o amável vence).

Contudo, para toda essa troca de peles, para todo esse processo de evolução do nosso guerreiro interior – temos de tomar consciência disso –, existem preços. Você jamais sairá da base da pirâmide social e nunca ficará rico se não trabalhar muito. Sim, vai precisar trabalhar muito, estudar como ninguém. Você não pode se dar ao luxo de ser apenas mais um. De ser apenas um mediano no mundo. Para você vir a ser um milionário, bilionário, precisará ter a competência da comunicação, ser confiável, ter carisma, ser muito bom no que faz. Ninguém sai da pobreza para a riqueza sem dar tudo de si, sem apanhar muito, acumular frustrações, ser humilhado em algumas circunstâncias, e mesmo assim nunca permitir ter pena e piedade de si próprio. Ninguém atinge o topo do pódio da sociedade vindo de baixo sem um esforço brutal. Serão dedicados noites e finais de semana, não existirão férias. E, além de tudo isso, ainda vai precisar contar com a mão benfazeja da sorte. Pois sorte existe. Mas, claro, o acaso atrai as mentes ligadas e que não se distraem com os assobios dos anônimos e o rufar dos tambores das vizinhanças.

Na história dos Beatles, o maior marco histórico e mundial do rock, lá estavam os quatro rapazes tocando, batalhando e trabalhando no pub Cavern Club, em Liverpool, ao meio-dia. Por eles representarem uma ruptura, um

GUERREIROS NÃO NASCEM PRONTOS • 111

rompimento de gerações, outros jovens engajados com os mesmos valores e afinidades iam almoçar nesse pub. Um dia, uma moça passou na loja de discos da cidade e pediu ao vendedor um disco dos Beatles. O vendedor diz que nunca tinha ouvido falar deles e que achava que nunca tinham gravado nada. A moça foi embora. O vendedor, disciplinado, tinha ordem do dono da loja, o comerciante Brian Epstein, para tomar nota de discos que os clientes pediam e que eles não tinham para vender. Com isso, teria sempre no estoque aquilo que as pessoas estavam pedindo. No final do dia, o vendedor passou a Epstein a lista de discos pedidos que a loja não tinha para vender. E lá estava o nome Beatles. O dono da loja ficou curioso e perguntou mais informações ao vendedor. Esse disse que a moça lhe havia dito que tocavam ao meio-dia no pub Cavern Club. Levado pela curiosidade, no dia seguinte Epstein foi até o lugar e ali viu os jovens tocando, gostou e foi falar com eles. Dessa conversa saiu que, como os Beatles não tinham empresário, e ele tinha uma loja de discos e conhecia as gravadoras, Brian Epstein tentaria levar os rapazes para gravar algo. Muito bem, veja só, leitora e leitor, como o fio da vida vai tecendo suas malhas, reunindo talento, trabalho, esforço, com as poderosas forças do acaso e das relações humanas. Naquele tempo, para mandar músicas para as gravadoras ouvirem, só usando aqueles gravadores antigos, ainda de rolo, anteriores aos de fita cassete. Então eles se reuniram e gravaram quatro músicas nesse gravador. Brian Epstein mandou os rolos para todas as gravadoras da Inglaterra. O tempo passou, e elas não respondiam. Brian resolveu saber delas e ouviu respostas como: "Não interessa, as músicas não têm chance de sucesso. Obrigado, mas fica para uma próxima vez". Brian Epstein achou que o problema estava em mandar essas músicas em uma fita de rolo, pois o pessoal das gravadoras nem ia ouvir. Então, decidiu pagar para uma empresa que fazia discos de vinil para gravar as músicas num pequeno lote demonstrativo. E veja só, amiga e amigo, que lições a vida nos permite observar quando prestamos atenção não apenas nas grandes histórias de sucesso, mas nos seus meandros, nas suas tramas, que geralmente permanecem ocultas. Foi exatamente o técnico que imprimiu o disco, na empresa que fazia os vinis, que adorou as músicas e os Beatles. Por outra dessas notáveis armações da vida, das incertezas e dos acasos fascinantes, ele era amigo de outro jovem que terminava a faculdade e ingressava numa gravadora para trabalhar como editor. O nome do amigo do rapaz que imprimiu os discos de vinil era George Martin. Ele recebeu o disco, adorou e gravou, e os Beatles se transformaram no maior fenômeno do show business da história do rock. Brian Epstein foi empresário dos Beatles até sua morte, e George Martin, o produtor das músicas de todos os álbuns dos Beatles, incluindo o especial que foi feito para o espetáculo do Cirque du Soleil.

Muitas surras levamos da vida. Se não houver persistência, não realizamos. Muitos dos sucessos da vida não são os planos iniciais, são o plano B. Por isso é fundamental que você tenha alternativas. Para Walt Disney, o símbolo da sua fantasia não era o camundongo Mickey, mas o coelho Oswald, e quase ninguém viu esse personagem. Não há luta fácil. Os nãos que ouvimos significam os treinos. Quanto mais desenvolvemos um limiar de dor expandido, mais estamos preparados para não desistir. E os guerreiros que vencem são os que não desistem. Acredite: a grande maioria dos vitoriosos é vencedor porque muitos outros desistiram.

Quando fui convidado para ser diretor do Grupo Agroceres, eu não era a pessoa que o diretor geral desejava. Ele queria o Catarinacho, hoje um grande amigo, mas este não aceitou a proposta. Graças à sua desistência, pude ocupar o cargo e criar um imenso prestígio e ser considerado hoje uma das cem personalidades mais influentes no agronegócio brasileiro (segundo a revista *Isto ÉDinheiro*).

Em várias situações na minha vida, pude aproveitar a desistência de outros. Nas horas difíceis, de enfrentamento competitivo; na profissão, no ambiente corporativo; ou no enfrentamento de crises. Eu estava exatamente num limiar de dor maior – o meu grande diferencial para a vitória.

É preciso, porém, acabar com ilusões, com ideias que foram postas na sua cabeça, de que a vida será sempre um mar de rosas. Haverá combate. Vai doer. E isso não deve assustar, é simplesmente a vida. E também nesse viver existirão satisfações gigantescas, recompensas, alegrias e muita felicidade com o sucesso das realizações; mas não adianta. Ninguém vai descobrir o bóson de Higgs (mais conhecido como a partícula de Deus) trabalhando dentro das horas previstas em lei. Você não vai ser um doutor Macedo sem trabalhar doze horas por dia, sem ter foco, sem criar uma equipe e sem buscar um sentido superior de vida.

Precisamos priorizar, fazer escolhas. Cito esses exemplos apenas para que você busque em você e ao redor da sua vida os seus casos, que o inspirarão a enxergar essa realidade. Terminei como diretor estatutário de um dos mais

GUERREIROS NÃO NASCEM PRONTOS • **113**

importantes grupos de comunicação no país, o jornal o *Estado de S. Paulo*, porque, alguns anos antes, aceitei passar todo o Carnaval criando um planejamento e uma proposta criativa para uma de suas empresas. Trabalhei solitário na agência de propaganda de um amigo. Passado o Carnaval, apresentamos a estratégia e foi um sucesso. Meses depois, recebi o convite para ser membro do Grupo Estadão.

Obtive meu primeiro cargo como executivo aos 23 anos, na Jacto S/A, empresa que lidera o setor de máquinas agrícolas no Brasil e na qual ainda ganhei como prêmio a vantagem de ter convivido com a família Nishimura ao longo de cinco anos da minha juventude. Mas como fui parar lá? Trabalhando de graça para o amigo de um amigo que estava com imensas dificuldades financeiras e precisava de um jovem na criação de campanhas em sua pequena agência. Eu aceitei ajudar esse amigo do amigo. Saía do meu trabalho, onde ganhava o equivalente hoje a não mais do que três salários mínimos por mês, e trabalhava na agência das 18 às 22 horas. Meses mais tarde, a Jacto me chamava para ser executivo, no interior, ganhando muito mais do que recebia em São Paulo. Espero motivar você, amiga leitora e amigo leitor, para que descubra que há, sim, uma necessária determinação de foco. E, claro, quando galgamos postos mais elevados na vida, outras dimensões que não são mais a do início de nossa carreira surgem, e precisamos continuar contando com um eterno aprimorar – e uma dedicação inquestionável.

Para enfrentar competições dentro do seu emprego, trabalhe mais. É impossível alguém derrubá-lo se você entrega muito, bem e tem *timing*. Se você estiver em qualquer empresa em que haja donos ou acionistas que desejam o bem da companhia, nada terá mais valor para eles do que profissionais engajados que tomam decisões como se fossem donos. E, se você acha que vai fazer isso por eles, está enganado. Vamos fazer o melhor, exclusivamente por cada um de nós mesmos. Essa satisfação é íntima, pessoal. Questão de honra. A minha construção por mim: autodignidade.

Ah, existe o *relationship*. Claro. Sempre existiu. E muito mais físico e real do que os apenas virtuais do Facebook e LinkedIn, que são ótimos, mas insuficientes. Para você progredir, levar o seu guerreiro a postos de comando, salários elevados, ampliar sua qualidade de vida, vai precisar se relacionar. Vai precisar participar de entidades de classe. Vai precisar ser membro de associações de sua categoria profissional. Vai precisar ter visibilidade, expor-se, escrever artigos. Idealmente também dar aulas. Compartilhar seu conhecimento com os demais, estar preocupado com a criação da reputação do seu nome, do *brand* que deve construir do profissional que você é.

Se decidir ser empreendedor, deve primeiro procurar trabalhar na área do negócio que deseja abrir. Dessa forma, não será surpreendido pelas dificuldades e pelos segredos que todo ramo tem. E, ao abrir sua startup, seu negócio, saiba que você precisa ser o vendedor número 1 dele. Como empreendedor, ou você vende, ou ninguém venderá por você. E novamente o limiar de dor estará lá presente. Você vai precisar aprender a gostar de áreas das quais não gostava. Vai precisar gostar de falar com pessoas com as quais não falaria. Vai precisar aprender a ser líder e a levar pessoas a fazer o que não fariam, mas agora vão fazer com paixão. Vai precisar desenvolver o talento carismático. Vai precisar tratar de custos, sistemas, finanças, contabilidade e tributos. E vai enfrentar incompetências de governos, mudanças de câmbio, briga de sócios, desentendimentos. Ufa.

Como disse meu amigo mestre do jiu-jítsu, o Morganti: "A vida sempre vai bater muito mais do que aqui dentro do ringue".

Entretanto, de onde vêm a satisfação, o prazer e a vontade imensa de sublimar tudo isso em sucesso? Vêm exatamente de um sentido que demos para a luta. A vida vale a pena se houver uma boa razão para ser vivida.

E ao termos um belo "por que fazer", descobriremos "como fazer". E transformaremos as dores do aprendizado em medalhas de ouro das vitórias.

Nenhum guerreiro sai das batalhas sem cortes, machucados e ferimentos. Nenhum general carrega medalhas por bravura se não tiver marcas muito mais profundas no coração e na mente.

Mas será exatamente da consciência de uma missão imaginada, comprometida e cumprida, que a vida, no seu canto final, na sua hora da reflexão dos últimos suspiros, vai nos permitir avaliar e sorrir com a felicidade de guerreiros que jamais se entregaram, que não desistiram e que fizeram por merecer a sorte e a oportunidade de ter vivido e deixado legados indeléveis que jamais se desvanecerão com o tempo.

O cálice, na mão de Cristo, significa o símbolo maior da dignidade do amor. A cruz era apenas a consequência. A decisão foi tomada ao não afastar de si aquele cálice. Temos muita alegria, qualidade de vida e amor para desfrutar com quem amamos. Contudo, se amamos um filho nada poderá ser um maior legado do que o amor à vida. E a uma vida que se deu para muitos. Ou uma vida que possa ter sido dada a apenas um, mas cujo legado serviu como honra suprema de um imenso amor. Meus pais adotivos não tinham outros filhos. Deram sua vida para mim, não para muitos. No entanto, eles me ensinaram a amplitude do limiar de dor, e não seria mais por alguns ardores na pele, ou manchas físicas, que a alma deveria se acovardar. As dores do externo, ao serem transformadas em forças íntimas, enriquecem o espírito, e daí surge uma felicidade indescritível: a grande conquista dos guerreiros.

Carlinhos Brown fez músicas incríveis. Ele tem uma história de vida intensa e imensa.

O Carlinhos Brown de Salvador, nascido no bairro do Candeal, representa um símbolo dos nossos guerreiros. Está acima da música, do sucesso. Sua superação ao transcender as dificuldades do menino pobre se dignifica pela formação de milhares de jovens percussionistas. O guerreiro Brown cria novos guerreiros. Realiza ações sociais que são premiadas internacionalmente, e dentre elas, o certificado de melhores práticas do Programa das Nações Unidas para Assentamentos Humanos.

Ele diz: "a gente não se cansa de ser criança, a gente brinca a nossa velha infância".

Contudo, esse limiar de dor expandido é muitas vezes ausente, não apenas nas situações de provações físicas, materiais, traumáticas. Pode surgir também, por incrível que pareça, quando, ao contrário, uma pessoa conquistou o sonho, chegou no sonho e por algum motivo foge dele. Alguma coisa no necessário enfrentamento de uma nova caminhada que o ponto de chegada revela faz com que a pessoa desista. Talvez o óbvio: chegar lá não significa nada mais do que um início, não um fim. E esse início pode assustar. Quero que vocês analisem comigo alguns casos reais, por mim vivenciados.

Já ofereci cargos importantes para pessoas que tinham toda a condição e competência para os assumir, e essas pessoas declinaram. E, claro, também está cheio dos opostos, pessoas sem qualificações para cargos mais elevados que ficam loucas para os tomar, e isso termina por se transformar num grande engano, tanto para quem os promove quanto para quem os aceita, dada uma distância considerável entre competência e realidade. Uma frase sensacional que tenho como norma na vida é: "quer destruir alguém, coloque essa pessoa num cargo e numa posição para a qual ela não tem competência". Simples de exemplificar com a enxurrada contemporânea de incompetentes na administração pública, por exemplo.

Essas pessoas, as que tinham o talento e a competência para os cargos e não aceitavam, ficavam tomadas de receios, medos. Algo da intimidade. Observava, por vezes, exigiria um enfrentamento com subordinados que temiam ou não gostavam. Significava precisar mudar a rotina do casamento. Ou dar um salto no desconhecido, pois ter a reconhecida competência não significa segurança de êxito. Então percebi que o medo de errar, de não conseguir falava mais alto nesses membros da equipe. E, passados os anos, acompanhando parte desse pessoal que eu mesmo queria promover, observei que o tempo não os tornou mais felizes. Tenho certeza de que se pudessem retornar atrás, sabendo o que sabem agora, teriam aceitado e vivenciado a experiência. Senti que se estabeleceu uma luta interna, entre um lado que gritava sim, você é capaz, e outro que negava e colocava os preços que você ia pagar ao aceitar.

Também vi muitos que foram colocados em alturas para as quais não tinham preparo, e ao passar dos anos, terem sua carreira praticamente destruída, exatamente por promoções impróprias.

Contudo, duas dessas experiências foram por demais ricas. Uma quando eu era diretor do Grupo Agroceres. Tínhamos muitos eventos pelo interior do país. E a música sempre estava presente. Havia um trio sertanejo que nos acompanhava nessas festas, e eles eram ótimos. Muito bons mesmo. Carisma, voz, aplaudidos de pé. Pessoal muito legal de Ribeirão Preto. Motivados com eles, e querendo dar a eles um salto em sua carreira, topei patrocinar um disco do trio. Na época fizemos um disco de vinil chamado "long play". Eram doze músicas, e dentre elas muitas de composição deles próprios. Disco bonito, muito bem gravado, profissional, para estourar no mercado da música. Além do disco, eu já havia combinado com as rádios, para fazer um lançamento e colocar uma ou duas músicas de trabalho para rodar nas emissoras. Então, amigos, o que vocês acham que aconteceu? O mais incrível do mundo. Depois de tudo isso feito, disco gravado, rádios programadas, poucos dias antes de isso estourar – pimba! – o trio briga e desfaz a relação. Ou seja, chegando lá, conquistando o sonho dourado de qualquer músico, um disco, rádio, shows, eles simplesmente entram em conflito e terminam tudo. Jogam tudo isso no lixo. Passados alguns anos, reencontrei dois deles tocando numa churrascaria do interior. Eu olhava para eles e me perguntava: por quê?

GUERREIROS NÃO NASCEM PRONTOS • 117

Essa história se repetiu mais uma vez, a mesmíssima coisa. Uma dupla do sertanejo universitário. Dois jovens. Também ótimos. Um empresário amigo meu decide investir da mesma forma como eu investi naquele trio, muitos anos atrás. Gravou um CD de altíssima qualidade, pagou estúdio, estadia em São Paulo. Capa. Mandou prensar milhares de cópias. Programação na TV, rádios, shows pelo interior. E o que acontece? De novo, a mesma coisa. A dupla briga, e desmancha! Joga fora todo investimento e um destino. E curioso, um destino para o qual trabalharam duro, por bom tempo.

Então qual a conclusão? O chegar lá significa apenas um novo começo. Existem desafios na conquista do prêmio, no objetivo alcançado. O sucesso não termina nunca, é uma jornada implacável e interminável.

O que acontece com pessoas que conseguem, atingem, mas não sustentam? Não se trata de talento para a função, não se trata da competência técnica, trata-se si do que já abordamos páginas atrás deste livro, a ausência de algumas partes da lei do mínimo, que impediram, de forma concreta, que essas pessoas alcançassem um novo patamar de glórias, experiências e, com toda certeza, fama, riqueza e importância percebida na sociedade.

Sim, leitora e leitor. Da mesma forma como tem muita gente que quer o sucesso a qualquer custo. Tem muita gente que teme o sucesso reconhecido. Se surpreende ao alcançar. E o sabota intimamente com boas desculpas, alegando brigas com sócios, insatisfação em micro detalhes dos contratos, e mesmo exageros egocêntricos, que só servem como fuga da nova responsabilidade que o início do sucesso carrega.

No teatro também já vi muito dessa síndrome. Ensaios por meses, preparação, cenários, figurinos, trabalho de ator, atrizes, madrugadas de trabalho. Chega o dia da estreia, lá vem: alguém tem um gigantesco " chilique " e ameaça não estreiar. Se não houver ali o poder de um diretor forte, que carrega esse ator ou atriz e o empurra palco adentro, corremos mesmo o risco de precisar cancelar a estreia. Imagina o prejuízo e a frustração para todo o elenco, público e patrocinadores.

O medo de chegar lá. Um limiar de dor que limita e inibe muitos de alcançarem o melhor do seu máximo potencial.

Pergunto a você: quanto de Carlinhos Brown, e quanto do trio ou da dupla sertaneja você já viu por aí? Quantos fazem de cada etapa do sucesso um degrau para uma escada ilimitada? E quantos fazem do degrau alcançado uma desistência, e em vez de olharem para cima, preferem a zona do conforto, de olhar para baixo?

Também no melhor, no que muitos desejariam ter, também ali existe uma ampliação do limiar de dor, para que o sucesso possa ser visto como um processo interminável, e não um ponto final de um ônibus, onde todos devemos apear.

CAPÍTULO 11

NO REINO DAS INCERTEZAS, HÁ UMA SABEDORIA E UMA FÓRMULA PARA ATRAIR A SORTE – MÉTODO 4

"Quando queremos, podemos ser senhores da nossa sorte."
– JAMES FREDERICK FERRIER

Sorte, azar, destino, coisas escritas. "Sorte é o encontro da preparação com a oportunidade", assim escreveu Elmer Letterman. Mas isso também não me parece tão simples assim. Tem muita gente preparadíssima que não consegue aquele salto sensacional para o êxito. Neste livro, já falamos muito também da lei do mínimo. E isso interfere na captura da sorte. Mark Twain, escritor norte-americano, registrou: "A sorte bate em cada porta uma vez na vida, mas em muitos casos a pessoa está se divertindo por aí e não a ouve", mas ainda não creio que a sorte bata na nossa porta apenas uma vez. Outro gênio, o filósofo, teólogo e escritor da mais importante obra medieval da filosofia, *A consolação da filosofia*, Boécio, disse: "Nunca a sorte te dará o que, pela natureza das coisas, te é estranho". Outro escritor, poeta e filósofo, formado em Harvard, Ralph Waldo Emerson afirmou: "O homem superficial acredita na sorte, o sábio e o forte em causa e efeito". Agora, sim, começamos a nos aproximar do que entendo ser o domínio e a atração da sorte. Uma relação de causa e efeito. Um programa em que o instante presente altera o momento futuro. E, claro, nesse instante presente, podemos ser vítimas do puro acaso, como por exemplo um segundo a mais ou a menos para sair de um posto de gasolina e entrar na estrada e isso representar viver ou morrer. Ou do segundo a mais ou a menos da lata de cera inflamada que voava da cozinha para o quintal, enquanto eu corria do quintal para a cozinha na casa de meus pais, ou, ainda, a patente da invenção do telefone ter ficado com Alexander Graham Bell, e não com Elisha Grey, por uma trapalhada da sua secretária na remessa dos documentos para o departamento de patentes dos Estados Unidos. Tirando essas forças impossíveis de prever, e que por isso deveriam ser previstas, gosto mesmo da frase de Eric Hoffer, escritor do clássico *The true believer* [Aquele que verdadeiramente acredita]: "A maior sorte de um homem é morrer no momento certo" – isso, sim, salvaria a reputação e a honra de muitos homens públicos. Mas fico mesmo com a afirmativa de Roberto Irineu Marinho, fundador da Rede Globo, que concluiu: "Não compro bilhetes, já ganhei na loteria quando nasci".

Sorte será o que aprendermos a fazer com a própria vida, em qualquer circunstância. Entretanto, existem caminhos. Eu poderia citar diversos famosos e registrar aqui o ponto desse aprendizado. Vou relatar o caso de Luiz e Rossania, duas pessoas que teriam tudo para não dar em nada, do ponto de vista empresarial, patrimonial e das inovações que criaram, e salientar nesse exemplo uma inspiração para todos nós. A fórmula de atrair a sorte. Antes de falar de Luiz e Rossania, selecionei alguns gigantescos guerreiros da história e vou pontuar o mesmo ângulo que gostaria que você prestasse atenção na sua vida e na vida dos seus entes mais queridos. E, depois, deverá levar essa sabedoria para a criação de seus filhos.

Um guerreiro gigantesco na história foi Gengis Khan, o conquistador mongol. Nasceu em 1162 e morreu em 1227. Aos 9 anos, seu pai morreu nas mãos de uma tribo inimiga. Daí em diante, ele viveu em grandes dificuldades. Quando já era um jovem crescido, foi capturado por outra tribo rival e preso por uma argola de madeira no pescoço. Dessa situação, analfabeto, prisioneiro, no deserto, veio a ser um dos guerreiros mais famosos da história. Qual foi o ponto fundamental da diferença? Foi o encontro com Toghril, um amigo. Sem essa pessoa, Gengis Khan não teria começado. Da mesma forma, não existiria Karl Marx e o marxismo se não houvesse a amizade dele com Engels. Michael Faraday, outro brilhante cientista do domínio da eletricidade, ficou extasiado ao ver uma palestra de um importante cientista inglês, sir Humphry Davy. Escreveu para esse mestre, persistiu e conseguiu um lugar como seu assistente. Jamais teria sido o gigante Faraday sem Sir Humphry. Maomé nasceu no ano de 570 na cidade de Meca. Tinha origem humilde e foi extremamente bem-sucedido. Já era órfão aos 6 anos. Aos 25 anos, casou-se com uma viúva e sua vida se transformou já aos 40 anos. Iniciou pregando exclusivamente para amigos íntimos e foi perseguido em Meca. Foi o governador da cidade de Medina que o acolheu e lhe deu um elevado posto político. Paulo não conheceu cristo, mas é considerado por historiadores sérios como fundamental na adoção do cristianismo no ocidente. Novamente, nas grandes histórias humanas, notamos que a diferença que nos leva ao sucesso está sempre configurada na presença de seres humanos ao lado desses guerreiros. Somos o resultado das pessoas que cultivamos ao longo da vida. Essas escolhas de com quem vou ao futuro têm um peso imenso no destino e na sorte desse destino. Se não fosse o abade Sièyes, provavelmente não existiria Napoleão. Alexandre o Grande dificilmente seria quem foi sem Aristóteles, o seu mentor. E Beethoven admirou Mozart e estudou com Franz Haydn, e dali saiu a "Trindade Vienense", Mozart, Beethoven e Haydn. Sugiro a você, leitora e leitor, que busque sempre as relações entre as pessoas que você admira e as pessoas com quem esses admirados se relacionaram e se relacionam. Você vai encontrar uma constante. O sucesso e os grandes guerreiros da vida andam juntos. Há uma regra de afinidades, de reunião. Eles se atraem e configuram times e equipes para lutar juntos.

Dessa forma, é possível atrair essa tão falada "sorte", ou o nome que você deseje dar a esse fator indeterminado, dependendo do foco que damos às pessoas com as quais nos alinhamos.

Por isso, preste muita atenção em com quem você vai casar! Filhos, sugiro ouvir a sabedoria de suas mães, e filhas – as dos seus pais... (Os velhos podem não nos levar ao futuro, mas nos ajudam para não cairmos em arapucas velhas do passado, os velhos erros são muito chatos, viva os erros novos...)

Vejamos então a história de Rossania e Luiz: na cidade de Rio Branco do Sul, próximo a Curitiba, você encontra uma indústria chamada Fertion. Não haveria nada de excepcional se não pudéssemos mergulhar na sua história e aprender com ela. Hoje ali existe inovação num campo de atividade essencial ao agronegócio, a nutrição de plantas e solos. O interessante está em acompanhar o processo que trouxe Rossania e Luiz de um local distante, de uma criação pobre, humilde e simples, até se tornarem um caso de sucesso. Como esses guerreiros que não nasceram prontos se prepararam e vieram a se transformar num exemplo possível para todos nós?

No início dos anos 1980, Rossania, uma jovem moça linda apelidada de Pocahontas (pois lembrava muito esse personagem, uma princesa índia da história norte-americana), era apenas a auxiliar de uma secretaria numa indústria do interior de São Paulo, em Pompeia. Luiz, nascido em Quintana, perto de Pompeia, a cerca de 500 quilômetros da cidade de São Paulo, era um técnico que demonstrava máquinas para clientes pelo interior do pais.

Trinta e cinco anos depois, um evento na cidade de Curitiba oferecia um show inesquecível com uma bela banda cover dos Beatles para animar um jantar e uma homenagem. Um pouco antes da noite do sábado desse final de semana, Luiz e Rossania deram uma aula, com uma pedagogia clara, de como as linhas do destino podem ser trabalhadas por um casal que, ao ser visto no início dos anos 1980, ninguém jamais ousaria dizer que chegaria aonde chegou.

Luiz e Rossania convidaram para essa homenagem exatamente as pessoas que foram um marco transformador em sua vida. As pessoas que estavam ali reunidas mais de três décadas depois não eram parentes nem mesmo conhecidos e amigos anteriores do casal. Eram pessoas que por um talento impressionante desses dois, foram atraídos e trazidos para a vida e o sucesso dessa empresa.

Luiz possuía apenas a formação de técnico agrícola, mas admirava pessoas. Admirava professores e pesquisadores. Precisava encontrar soluções para os desafios da venda de insumos no campo. E a cada obstáculo recorria ao conhecimento cientifico. Buscava nos textos as inspirações. E, além dos livros, começou a buscar conhecer e conversar com os seus autores. Ao longo dos anos, Luiz e Rossania foram se formando e realizando esse crescimento através de pessoas: cientistas, professores e outros que admiravam em diversas áreas da gestão de empresas. Por meio deles, Luiz e Rossania realizavam o que o sociólogo italiano Domenico de Masi definiu como o fenômeno de criar a si mesmo a partir do conhecimento do outro, a palavra grega *autopoiese* (a criação de si próprio). Luiz e Rossania praticaram a atração da boa sorte, realizando uma organização criativa "o objetivo principal da organização criativa é alimentar um clima gerador de criatividade, fornecer suporte, possibilidade de falhar e tentar novamente, assegurar tempo até ao supérfluo, oferecer valores éticos, meios práticos, coligações com outros criativos, instrumentos para divulgação de ideias, ocasiões formativas, reflexões, uma anarquia organizada... isso representa a criação de si próprio". Luiz e Rossania traziam saberes de fora. E com o passar dos anos iam agregando amigos e conhecimentos e, com esse aprender, realizavam sem saber outro fundamento gerador do sucesso, a *heteropoiese*: "Adquiro materiais dos outros, mas os reelaboro dentro da minha mente até chegar a uma visão nova. Um grupo criativo é um sistema coletivo em que operam sinergicamente personalidades imaginativas e personalidades concretas, cada uma contribuindo com o melhor de si, num clima entusiástico, graças a um líder carismático e a uma missão compartilhada".

Nessa gratidão, nessa homenagem, desfilaram cerca de dez pessoas. E para cada um que Luiz convidava para sentar na frente dos demais buscava sempre uma palavra que o representava. Essas palavras terminavam por definir algo acima de suas competências técnicas, científicas ou administrativas. Ali estava o ousado, o íntegro, o justo, o valente, o criativo, o leal, o intenso, o profundo.

Luiz e Rossania permitiram um momento rico no qual aprendi a ver na prática como os guerreiros são formados. E como as decisões que tomamos sobre pessoas para seguirmos, a escolha das pessoas, têm uma importância decisiva na nossa vida, no nosso destino, no nosso sucesso e, digamos assim, na nossa sorte.

E que outros méritos, além de buscar aliados e escolher guerreiros para lutar as mesmas lutas, eles possuem? Como força superior, eles têm uma vontade gigantesca de aprender a aprender. Se não houvesse esse vigor, a curiosidade e a determinação de aprender, não teriam realizado o que fizeram e jamais teriam atraído para o seu lado essas pessoas, às quais agradecem pelos momentos marcantes em sua vida. Luiz e Rossania atuam da mesma forma com a definição de talento, "a capacidade de se permitir e de se doar às experiências". Ou seja, sem medo de buscar o novo e atuar sobre o desconhecido. E carregam dentro de si um engajamento num sentido superior em valores virtuosos para a realização. A habilidade de fazer equipamentos, soluções mecânicas com as próprias mãos, reunidos a outros mecânicos e operários, fez de Luiz e Rossania um caso concreto de progresso e de guerreiros que se aprimoraram constantemente ao longo do tempo. Outro ponto significativo no caso estudado está num padrão estético, num desejo de esmero, de fazer bem-feito, de servir e de dar o melhor de si – algo ligado a um conceito de autodignidade.

Luiz e Rossania representam um caso legítimo e que exemplifica o poder das nossas transformações a partir das relações humanas que cultivamos. Não se trata aqui de procurar aquela pessoa que lhe é mais simpática ou aquela que vai dizer o que você quer ouvir. Trata-se de reconhecer seres humanos que sabem mais do que sabemos e ouvir. E assumir esses conhecimentos. A construção desse aprendizado termina por ser transformado em algo diferente e inovador, algo mais do que o próprio ser admirado havia proposto. E, por fim, em algo que retorna ao criador com elevado respeito.

As redes formam os elos que constroem os guerreiros ao longo de uma vida. A mistura da curiosidade, da fonte eterna da juventude dentro de uma pessoa e essencialmente da resposta a "Com quem caminhamos?" decide quase tudo. Digo quase, pois sempre haverá um espaço ao eternamente desconhecido, aquilo que está nas mãos de Deus, ou, ainda, ao que nos escapa, não porque não existe, mas porque ainda não temos consciência dele.

Conheci o professor doutor Andre Geim, Prêmio Nobel de Física de 2010. Ele veio ao Brasil para a inauguração do Centro de Pesquisas Avançadas em Grafeno, Nanomateriais e Nanotecnologia da Universidade Mackenzie, e, como mackenzista que sou, fui admirar essa obra e conhecer e "trocar neurônios" com o renomado cientista. Russo de nascimento, hoje o doutor Andre leciona na Universidade de Manchester. Esse genial ser humano não descobriu sozinho as propriedades do grafeno. Teve no amigo Konstantin Novoselov um elo vital para a descoberta. Em resumo, o grafeno que vai mudar toda a nossa vida nos próximos dez anos tem a dureza do diamante e a flexibilidade da borracha. Isolado a partir do grafite, em apenas duas dimensões será o melhor condutor de calor e eletricidade descoberto até hoje. Terá múltiplas aplicações em tudo, desde a comunicação, passando por roupas, pneus, agronegócio, aviônica e nanotecnologia. Mas o importante aqui, para você leitora e leitor, não se trata tanto do tal e incrível grafeno, e sim do processo de vida que permitiu ao doutor Andre efetivar essa descoberta.

Era uma bela manhã de sol em São Paulo, e o auditório da Universidade Mackenzie estava lotado, com estudantes e jovens aplaudindo o doutor Andre como se ali estivesse um pop star do rock'n'roll. Perguntei a ele com quem andou até chegar ao grafeno. E, novamente, tive a constatação de que somos o resultado das nossas decisões e de "com quem" rumamos ao futuro. O doutor Andre disse ter sido assistente de outros premiados com Nobel da Física (1980), quando os pesquisadores James Watson Cronin e Val Logsdon Fitch deram visibilidade ao invisível dos mésons. Sua história de vida é inspiracional e sua conclusão fantástica. Ele disse: "Sem saber, todos os dias jogamos um Prêmio Nobel na lata de lixo". E afirmou isso porque o grafeno, que já existe no grafite e nos diamantes, oriundo do carbono, está presente há mais de quinhentos anos em todo risco que fazemos com um simples lápis. Mas não sabíamos. A sua descoberta é oriunda da vontade de brincar com o desconhecido: o fator *serendipity* já tratado neste livro. O doutor Andre decidiu usar suas sextas-feiras à noite ao lado de uma cerveja para brincar com os equipamentos e a estrutura que sua universidade lhe oferecia gratuitamente. Reuniu alguns bons amigos, e começaram a fazer experimentos aleatórios, como despejar uma garrafa de água no meio de duas grandes máquinas que funcionavam como imãs. E, para surpresa deles, viram a água, na forma de bolotas de tênis, simplesmente levitar. Fizeram o mesmo com um pequeno hamster. E o bichinho levitou. O doutor Andre e os amigos brincavam de descobrir. E, ao não terem nada específico em mente, chegaram ao impossível. Poderia afirmar que "tudo é possível no universo, principalmente o impossível". Mas sem a sabedoria da importância da equipe, dos aliados, de com quem resolvemos brincar de descobrir o impossível, não conseguimos êxito. O doutor Andre disse que jogamos fora todos os dias um Prêmio Nobel, pois desconhecemos praticamente tudo o que o universo esconde no seu invisível aos nossos sentidos primários. E ele se referiu à sua descoberta do grafeno, pois somente chegou a esse Nobel prestando atenção numas fitas que eram grafitadas para um fim simples, o de calibrar uns microscópios, e depois eram devidamente jogadas no lixo. Um dia, curioso, pegou uma dessas fitas do lixo e também brincou de colocá-las para levitar, dando sequência à brincadeira da água, do hamster e do sapinho. Colocou o resto da fita no microscópio e – eureca! – descobriu algo que não era tridimensional. Saíram do lixo o tal do grafeno e o Nobel de Física.

Dessa experiência do doutor Andre Geim, ele concluiu algo ainda maior: "Tudo, e todos, somos magnéticos". Ainda afirmou: "O quão pouco sabemos do mundo que nos cerca".

Pergunto para mim mesmo todos os dias: "O que posso fazer com você?". Quero dizer, o que posso fazer de mim? Para o que sirvo na natureza? Da mesma forma como está sendo agora a grande questão para o doutor Andre: "Para o que vai servir esse grafeno?".

Não foi o doutor Andre que ganhou o Nobel, foi o material, algo que já vivia instalado, mas que simplesmente não conseguíamos perceber.

O sapinho que levitava nas máquinas de imã, do laboratório da universidade, serviu não para um caminho direto à descoberta desse novo material, mas para "mudar as percepções" das pessoas que ali se divertiam com o conhecimento. Quando alteramos nossas percepções, ficamos aptos a ver o que não víamos. Tudo existe; é somente uma questão de não duvidar.

O grafeno está no traço do lápis há quinhentos anos e ninguém havia percebido. Quanto "grafeno" carregamos, cada um de nós, guerreiros do impossível, para descobrirmos e conquistarmos o nosso Prêmio Nobel? O da Física, da Química, da Literatura e acima desses, o da Vida.

Amiga leitora e caro leitor, vamos trazer todas essas coisas para a prática do dia a dia. Hoje atuo com fé total nessa questão. Sou o resultado do que me permito experimentar, vivenciar, experienciar. E sou a resultante dos seres humanos com os quais vivo e que admiro e respeito, aqueles em quem presto atenção, que estão no foco das minhas atenções.

Quando decidi ir ao Mackenzie para conhecer o centro de pesquisas, rever a escola onde fiz meu mestrado, reencontrar talvez alguns amigos e ex-professores, eu já carregava dentro de mim a certeza de que algumas horas ou minutos ao lado do doutor Andre Geim, o Nobel de Física, significaria carregar, ou melhor – para usar um novo termo que tem a ver com suas descobertas –, "magnetizar" os meus neurônios. Os meus magnetizáveis cérebro, coração, mente e alma. Não posso mais ser o mesmo depois daquele breve encontro. Qual a diferença? Prestar atenção, ter foco e fé nessa, hoje para mim, clara evidência.

Carregamos sem saber pedacinhos, retalhos, de seres humanos com os quais convivemos. Todos somos magnetizáveis e também magnetizamos, imantamos. Somos imãs: atraímos e repulsamos. A ciência prova o que religiões já afirmavam e a própria Bíblia já escreveu há milênios: "Dize-me com quem andas e dir-te-ei quem és", ou, ainda, para onde vais!

Vamos trazer isso para nossa vida aqui e agora. Peço que você avalie mudanças ocorridas na sua vida até agora e quais pessoas foram as influências. Avalie mudanças que você considera bem-sucedidas e outras malsucedidas. Avalie quanto você abandonou situações por total falta de afinidade, de valores. Chamamos de "não deu liga", "não teve química", mas agora vou usar a expressão "não deu magnetismo". Posso assegurar, se você não está feliz com sua vida, mude de relacionamentos. Essa decisão, independentemente de maiores profundidades filosóficas, ou mesmo terapêuticas, já provoca novos impactos na nossa visão de mundo, valores, atitudes e percepção do universo que nos cerca.

Meu filho Victor estudava na universidade La Sapienza, em Roma. Certa vez, quando eu passava uns dias com ele, fui conhecer aquele campus fascinante. Andando num corredor enquanto ele fazia suas tarefas na faculdade, vi uma placa numa sala: "Professor Domenico de Masi". Sim, exatamente o sociólogo italiano dos livros *O ócio criativo* e *A emoção e a regra*. Quando Victor voltou, disse para ele: "Procure o doutor Domenico. Seja assistente dele. Estude com ele. Esse é um grande pensador, um homem admirável". Ele seguiu meu conselho. O resultado é que hoje, cerca de quinze anos após essa escolha, o Victor é diretor do Instituto Europeu de Design no Brasil. Com certeza, essa do doutor Domenico de Masi, dentre outras decisões que ele tomou, foi de fundamental importância para isso.

Na sua e na minha vida, os rumos que tomamos são decididos pelas escolhas humanas que fazemos. Nossos amores e paixões. Reflita: nós nos ligamos por afinidades brutais. Esse poder cria uma força magnética de só atrair o que terminamos por imantar e emitir. Nossas antipatias e simpatias criam atrações e repulsas.

Quem nunca sentiu antipatia automática por alguém ou paixão à primeira vista por outro alguém? Você já sentiu a força de se apaixonar imensamente num flash de instante de segundo?

Esse é um poder incrível, magnético. Da mesma forma, se aplicarmos nas pessoas o teste do "conflitograma", vamos ver (e procure ver isso entre seus amigos e conhecidos) pessoas que têm o talento de serem amadas, amáveis, queridas, e outras que desenvolvem tal incompetência emocional que, de dez relacionamentos, geram inimizades, desamor e abrasividade em nove deles. Conhece esses extremos? Eu conheço. Seres amáveis ao extremo e outros desagradáveis no extremo oposto. Existem também os medianos. Em cada dez relacionamentos, gostamos muito de três pessoas. Somos polidos e razoáveis com outras cinco, e não gostamos de duas. Na arte do guerreiro que não nasce pronto, é preciso exercitar o fim do preconceito com relação a essa questão das afinidades. Nossos preconceitos de cor, raça, credo, jeito de vestir, modo de falar, time que torce, partido político que apoia, com quem anda, aonde vai, não é revelador do que deveríamos admirar ou deixar de admirar. O guerreiro deve ser aberto para olhar com atenção aspectos humanos, os mais diversos, e aprender com eles. Se nossas afinidades nos empurram acentuadamente para apenas um tipo de relacionamento ou ambiente, é prudente nos esforçarmos para a diversidade. Isso quer dizer conhecer gente diferente, lugares novos, ir a seminários e congressos sobre assuntos que nada têm a ver com o nosso dia a dia. E, acima de tudo, a prova maior para um guerreiro, admirar quem o provoca. A admiração de um adversário significa aprender com ele. O poeta brasileiro Olavo Bilac registrou: "O medo é o pai da crença". Admirar aquilo que poderia ser alvo de temor, o inimigo, o adversário, a crise, já significa entrarmos num estado de preparo para a inevitabilidade da luta e do seu enfrentamento. Umberto Eco também escreveu: "Nada encoraja tanto o medroso do que o medo de outros". E o navegador Amyr Klink disse: "O medo de quem navega é a terra", ou, mais propriamente, os rochedos.

Guerreiros devem aprender com seres humanos admiráveis, independentemente do que esses despertam dentro de si. Mudamos muito e, depois de anos, passamos a ver e concluir que estávamos errados em não gostar de certas pessoas no passado. O teólogo francês Jacques Bossuet disse que "nossos verdadeiros inimigos estão dentro de nós", portanto, tratar o inimigo como se um dia possa vir a ser um amigo representa também bom senso. Ovídio nos mostra que "é lícito aprender com o inimigo".

Muitos dos fracassos humanos ocorrem por não sabermos construir aliados ao longo das jornadas e também por não termos respeito e admiração de aprendizado com os concorrentes. O associativismo, a união de categorias profissionais, costuma colocar juntos muitos competidores entre si. Contudo, dali em geral saem planos e projetos que ampliam o espaço de toda uma categoria, em que a ação cooperativa prevalece no todo. Isso não impede a saudável competição entre seus membros, e são exatamente as regras éticas para competir que terminam por fazer toda a categoria evoluir.

Aprecie o que você pode fazer para estimular seus neurônios a ficarem bem imantados, com o admirável nas pessoas, nos amigos, nos conhecidos, nos concorrentes ou mesmo naqueles que você vai ver por apenas alguns instantes, minutos ou horas. Não fuja do estranho, do que não gosta e do que o provoca.

Guerreiros não nascem prontos, não crescem sozinhos. "Avalia-se a inteligência de um indivíduo pela quantidade de incertezas que ele é capaz de suportar", o filósofo Immanuel Kant nos informa. Seja bem-vindo ao mundo do aprendizado, eterno guerreiro. Um guerreiro só está pronto quando está pronto para começar a aprender de novo.

"Mas, Tejon, e isso tudo o que tem a ver com a tal da sorte?" Bem, a eureka do doutor Andre, Nobel de Física de 2010, pode ter um chamado da sorte. Naquele dia, o cesto do lixo estava repleto das tais fitas do grafite, uma porta se abriu com o vento e formou um corredor de ar, porque a pessoa da limpeza não havia fechado bem a janela... Esse sopro jogou para fora do cesto a fita imantada. O doutor Andre passava por ali, naquela hora, se abaixou e a pegou. Com isso, também pegou seu Nobel. Sorte? Aqueles com quem conviveu, com quem escolheu brincar nos laboratórios, com quem trocou ideias sobre o carbono e até com os anônimos da equipe da limpeza, que deixaram aquele cesto cheio de fitas, todos eles tiveram seu papel na construção da "sorte". Ao conhecer o doutor Andre e ao repassar ao meu amigo Luiz, sócio presidente da Fertion, que o grafeno pode ser utilizado na nutrição de solos e plantas, talvez eu esteja dando a esse empresário a sorte de inovar no até então impensável.

"A sorte favorece os audaciosos", escreveu o poeta romano Virgílio, e "a sorte ajuda os corajosos", segundo o também poeta romano Terêncio. Dessa forma, guerreiro leitor e guerreira leitora, não deixe de dar "chances ao acaso". Por isso, num final da tarde de sábado, vou pegar o ônibus e ir até o Aeroporto de Guarulhos esperar meus alunos que chegam de vários continentes do mundo. Poderia não ir. Mas, não sei bem por que, eu vou. Fui.

CAPÍTULO 12

O DIREITO DE SER FELIZ COM O DEVER DA CONQUISTA – MÉTODO 5

"A dúvida prudente é considerada o farol do sábio."
– WILLIAM SHAKESPEARE

Desconfie e duvide. Dizem que louco é aquele que não duvida, pois, se duvidasse, não seria louco. Ele se acha Napoleão. Não tem dúvida. Se duvidasse, não diria ser Napoleão – aquele mesmo general que escolhia seus melhores soldados entre os que costumavam dar mais sorte ao longo das diversas batalhas. Mas quando perdeu o talento de desconfiar, e sua prepotência superou a competência de fazer aliados, o próprio Napoleão sofreu derrotas gigantescas. Em 1815, na Bélgica, em Waterloo, encerrou seu ciclo de sucesso. Ali terminava um guerreiro que se negava a querer continuar aprendendo. Quando invadiu a Rússia, em 1812, sacrificou 500 mil franceses. Em 1814, foi preso e exilado na ilha de Elba. Depois de fugir, retornou à França, aclamado pelo povo, montou um novo exército, com 124 mil franceses, e de novo partiu para o suicídio da própria história. Contra Napoleão estavam prussianos, austríacos, britânicos e holandeses. Derrotado, foi novamente exilado, então na ilha de Santa Helena, onde morreu. Naquele dia em Waterloo a sorte não estava ao seu lado. Choveu e Napoleão esperou que o terreno secasse. Com isso, mudou o destino em meio dia. O deus Cronos venceu. O lamaçal mudou a história. Qual a lição disso? Nunca estamos totalmente prontos. Até os maiores guerreiros, do ponto de vista militar, da história, perderam quando perderam a humildade de aprender e de mudar o estilo de suas lutas.

Todos nascemos com o direito a ser feliz. Contudo, no outro lado da mesma moeda da felicidade, existe a arte dessa conquista. A vitória de um ser humano só pode mesmo ser finalizada ao final da contabilidade de uma vida. E muitas vezes ela só será reconhecida anos e até séculos após sua morte. Não podemos nos esquecer de pessoas como Galileu Galilei, que, ao afirmar que a Terra não era o centro do universo e que ela se movia, foi condenado e somente perdoado pela Igreja na década de 1980. Fatos assim eram corriqueiros na história, na ciência, na arte, no esporte, na política, na liderança e em tudo.

Um recado excelente para um vitorioso vem de sabermos vencer a nós mesmos após uma vitória. Esse ato simples repele a arrogância e afasta a falta de respeito. Essa vitória sobre si mesmo faz com que continuemos a buscar novos aliados e mais conhecimentos e que sempre tenhamos a certeza de que há muito mais impossível para nos surpreender do que tudo aquilo que possamos considerar possível. Platão também acrescentou: "Vencer a si próprio é a maior das vitórias".

Contudo, o que distancia um ser humano do outro está no poder da vontade. Muito simples: quer ver algo ser realizado? Peça a alguém que sempre realiza e que está cheio de trabalho. Quer ver algo não ser realizado? Peça a alguém que nunca realiza e que não tem nada para fazer. Trabalho e realização atraem trabalho e mais realização. O cérebro acostuma com isso. "Quanto mais se deseja, melhor se deseja", o poeta Charles Baudelaire nos ilustra. E segundo o escritor Alexandre Herculano: "É um erro vulgar confundir o desejar com o querer. O desejo mede os obstáculos, a vontade vence-os".

Dessa forma, todos nascemos com o direito a ser feliz. Temos direito a reunir riquezas, conforto, qualidade de vida. A arte da luta dos guerreiros que querem a vitória para sempre, e não apenas por alguns instantes ou períodos da vida, exige sabedoria, estratégia e o uso de fundamentos de valores eternos. Valores eternos são aqueles que não são mudados, mas mudam o resto. Esses valores não são difíceis de registrar. São as coisas boas que recebemos do berço, da criação, de boa parte das religiões, da ética, da filosofia. Cito aqui os valores principais do guerreiro:

▶ O prazer pelo trabalho, por exemplo, é um fator vital para a arte da conquista.

▶ Amar o trabalho e ter orgulho do resultado dele, sentir alegria e felicidade naquilo que produz.

GUERREIROS NÃO NASCEM PRONTOS • **133**

- Desenvolver o espírito "serendipiano" da busca, do novo, da curiosidade, da inovação criadora – isso representa conseguir obter, com as ações de sua vida, mais valores, como a amizade, a fraternidade, a solidariedade e outros, pois assim, em algum momento de sua existência, os guerreiros terão forças para os enfrentamentos naturais de uma vida.
- Empreender, ou seja, criar. A criação de negócios, de empresas, o empreendedorismo. Quem cria riquezas gera riquezas para o seu entorno e tem o prazer de ver seres humanos evoluírem, crescerem, serem felizes e também elevarem sua qualidade de vida.
- Ajudar, pois o cooperativismo, fator em que a reunião de muitos gera riquezas e distribuição justa dessas riquezas.

Há um direito em ser feliz, porém há um dever nessa conquista.

A felicidade é extraordinariamente descrita no livro de Jean Delumeau, *Mil anos de felicidade*. Nessa bela obra, somos remetidos a uma reflexão de que felicidade precisa, sim, ser o resultado de uma conquista consciente. Ele nos revela quão novos ainda somos como humanidade: "Se transformarmos a escala do tempo em escala linear com um ano por milímetro, o *big bang* situa-se a 15 mil quilômetros de nós. Os homens do neolítico que foram os primeiros a manifestar claramente um sentimento religioso, a dez metros e Cristo, a apenas dois metros".

Para acalmarmos nossas angústias e desenvolvermos um olhar sobre o direito à felicidade, mas também o de buscar a sua conquista, é necessário muito mais que apenas palavras de efeito, bons conselhos, histórias e fábulas. É preciso tomarmos noção do tempo. Levou mais de 4 bilhões de anos de evolução na Terra para surgir o homem. Um pessimista revela falta de paciência e de temperança na visão. Essa conquista representa trabalho, comprometimento social, planejamento e, acima de tudo, não os surpreendermos com os insucessos, e a quedas. Precisamos crescer perante a ingenuidade: "há uma grande ingenuidade em imaginar um futuro terrestre à imagem do paraíso perdido por Adão e Eva. Precisamos abandonar as nostalgias conjugadas do passado e do futuro. A vida na terra, apesar dos melhoramentos morais e materiais que pudermos lhe dar, jamais será paradisíaca, e Santo Agostinho tinha razão de nos incitar à vigilância durante nossa peregrinação neste mundo. Pois, escrevia, esta não pode se desenrolar sem as "angústias da dor, as fadigas dos trabalhos e os perigos das tentações". O homem muda, não se modifica. E aí está a jornada superior dos heróis na sua constante marcha para o crescimento. Estrada sem fim. Precisa haver alegria e prazer nessa compreensão. A felicidade existe, precisa ser fruto da conquista. Roberto Shinyashiki no seu livro *Tudo ou nada* ilustra com a história dos passarinhos: "Certa vez, durante um fim de semana, eu estava na chácara de um casal de amigos preparando o almoço da turma. De repente, minha filha, Marina, que na época tinha 4 anos, entrou como um furacão na cozinha. Estava eufórica: o rosto era pura felicidade, os olhinhos brilhavam como dois diamantes ao sol. 'Papai, vem ver que passarinho lindo eu achei', disse ela, quase gritando. Nem tive tempo de responder. Ela virou as costas e, entusiasmada, voltou correndo para admirar a sua descoberta. Fui até o fogão, desliguei o gás, lavei as mãos e, em seguida, tirei o avental. Cumprido esse ritual – nada além do que se espera de um adulto responsável e zeloso, eu me dirigi à porta. Não levei mais que 30 segundos depois do chamado. Quando saí da cozinha, a pequena Marina já estava voltando com uma expressão de frustração no rosto. Seus olhos não brilhavam mais. Percebi que já era tarde. Ela me olhou e disse: 'papai o passarinho voou'".

A conquista da felicidade pode ser estimulada em você com a pergunta: "se você pudesse viver de novo os últimos anos da sua vida, mesmo sem mudar o destino, o que poderia fazer de diferente?". A única resposta que caberia nesta questão seria: prestar mais atenção.

Sempre que me faço essa mesma pergunta fico bravo comigo mesmo. Deixei de prestar muita atenção em quase tudo. Aprendi, eu sei. Neste livro registro muitos aprendizados. Mas, honestamente, foi pouquíssimo perante o que poderia ter aprendido. Esse prestar atenção significa não perder o passarinho da Marina, do Roberto Shinyashiki. Se eu pudesse voltar no tempo, prestaria muito mais atenção. Não perderia muitos passarinhos que perdi a chance de observar. Então, ao repetir a mesma pergunta sobre o futuro, vai aqui a questão: então, e agora, o que você pretende fazer sobre o seu futuro? E respondo: prestar muito mais atenção, não quero perder nenhum voo dos passarinhos da vida, e daqueles que nos cercam.

Isso significa criarmos a felicidade onde estamos aqui e agora, pois assim vamos ver, ouvir, e admirar muito mais, do que se não houver felicidade. Muita gente trabalha, e não gosta do que faz. É infeliz. Impossível ser feliz se não conquistar a felicidade. Muitos dizem: "não estou fazendo o que gosto!"

e eu respondo: "você poderia aprender a gostar do que está fazendo?" "Por quê?", me questionam. Pois é exatamente onde você está agora. E como você está aqui presente, é inteligente aprender a gostar. Isso significa conquistar a felicidade.

Admiro Viriato Correa, um escritor de fábulas. (Recomendo que você leia e releia fábulas. Elas são fórmulas simples de mostrar caminhos.) Uma delas trata do orgulho do robalo, e de como não sabia construir felicidade. Isolava-se e assim decretou um triste fim na sua vida. "Houve um naufrágio e um navio afundou no oceano. Os peixes então decidiram se instalar no navio. Escolhiam onde iam ficar. O robalo era muito orgulhoso, e dizia que sua felicidade era ficar longe do populacho, longe do barulho, e num camarote nobre bem longe de todos. E assim se instalou num camarote vip que não dava para ver nem ser visto pelas sardinhas, os guarus, siris, cavalos marinhos e pela raia miúda da fauna marítima. Um dia houve uma forte tempestade e as correntes marítimas abalaram o navio, deslocando-o. O robalo dormia no seu camarote quando a porta bateu e travou por fora. O robalo tentava abrir, mas não conseguia. Desesperado, batia na escotilha, mas ninguém passava do lado de fora. Ele havia escolhido o camarote mais distante e isolado de toda a população. E ali morria o desesperado robalo, com seu orgulho tolo e sua incompetência para conquistar a felicidade".

A conquista da felicidade em qualquer coisa que façamos na vida vai exigir sempre cooperação.

Enquanto escrevia este livro, via notícias de cooperativas no Brasil, num momento difícil e crítico da sociedade brasileira, distribuindo sobras, ou seja, o resultado do lucro, para seus cooperados, como a Coamo, a cooperativa de Campo Mourão, no Paraná, entre outras. Um exemplo de conquista da felicidade sob a liderança de José Aroldo Galassini.

A conquista da felicidade também me relembra um conto oriental fantástico para nos ajudar nessa força guerreira, pois esse exemplo significa o começo, e significa sempre o segredo de todos os recomeços. "Era uma vez um rato. Ele vivia triste e reclamava todo dia. Chamava Deus e dizia que não podia ser feliz, pois feliz mesmo era o gato. Esse sim. Dominava a casa e o perseguia em todos os cantos. Ele, gato, era feliz, como rato a sua vida seria sempre uma grande infelicidade. Então implorava, por favor Deus, me transforme num gato, assim serei feliz. Deus, feito de compaixão, transformou o rato num gato.

Instantaneamente o ex-rato ficou extremamente feliz, saiu correndo pela casa e gritava, agora sou um gato, sou feliz. Mas não durou muito e o gato encontrou o cão. O cão saiu em perseguição e só não o mordeu porque o gato subiu no telhado. E lá de cima começou a reclamar. Puxa, eu só conseguirei ser feliz sendo um cão. E, novamente implorava para Deus, para que o transformasse num cão. De tanto pedir, pedir, Deus pleno de compaixão novamente o atendeu e transformou o gato num cão. Novamente, uma imensa felicidade, alegria. Pulava pela graça, viveu momentos de muita felicidade. Logo vieram os caçadores e o levaram para as caçadas. Quando chegaram na selva, o cão deu de cara com o leão. E logo descobriu o poder do rei das selvas. Imenso, poderoso, forte, a tudo dominava. Bastou um rugido leonino para o cão correr desesperado ganindo em fuga. E novamente lá ficou o cão triste e desolado e rezava e implorava de novo a Deus, que para ser feliz de verdade, ele precisava ser transformado em leão. Ah, meu Deus, me deixa ser leão. Esse sim, o rei das selvas, todos o temem, eu quero ser leão. Pedia e insistia e novamente o bom Deus, cheio de compaixão, transformou o cão em leão. De novo, agora sim. Brilhava de felicidade e alegria. Rugia pela selva e espantava a todos de perto. Todos o temiam, e desta vez ele atingia o máximo da sua felicidade. No entanto, logo surgiram os caçadores, e com suas espingardas avançaram sobre o leão que fugia a toda velocidade para se livrar das balas dos homens caçadores. E de novo, o leão caía em tristeza profunda. E mais uma vez clamava para o seu Deus, que dessa vez, definitivamente, para que ele pudesse ser de verdade feliz, que Deus o transformasse em homem. Insistiu, dias e dias, e um dia, Deus não suportando mais o transformou de novo em rato, para seu espanto, e perguntava para Deus – mas por que, meu Deus, você me transformou novamente em rato e não num homem? E Deus respondeu: "para quem não consegue ser leão, não deveria nunca deixar de ser um rato!".

Esse conto lhe parece familiar ou estranho? Consegue estabelecer relações entre a moral dessa história com a conquista da felicidade na nossa vida humana?

Vejo pessoas que nunca estão felizes onde estão. Sempre reclamam. Nunca estão no trabalho que queriam estar. Nunca estão nas empresas que gostariam de estar. Não gostam dos chefes, dos gerentes. Não gostam das regiões onde trabalham. Reclamam da vida e transmitem essa mesma infelicidade para suas crianças, que escutam, gravam e registram como um código equivocado de vida.

Outro dia, na cidade de Dois Vizinhos, no Paraná, conversava com um produtor rural, que criava frangos. Essa cidade é considerada a capital nacional da avicultura. E esse amigo reclamava comigo, pois os seus filhos, agora com 22 e 25 anos, não queriam ser sucessores, e trabalhar no aviário. Esse homem reclamava dos jovens de hoje. Então perguntei para ele – o que você falava quando seus filhos tinham 4, ou 5, 6 anos em casa? Como era a conversa sobre a criação de frangos com sua esposa, seus irmãos? O que suas crianças ouviam todo dia? Ele pensou e disse: você tem razão, nós só falávamos que aquilo não era vida, e que era para eles estudarem e irem embora do campo. Pois é, felicidade é alguma coisa que precisamos aprender a ter onde estamos, com a nossa presença, pois a tal da felicidade nunca está onde não estamos. E onde estamos precisamos conquistar e espalhá-la, para o nosso entorno.

Em Guarabira, Paraíba, há um homem chamado seu Antonio, o Virgulino. Lá ele faz a melhor cachaça do mundo. A cachaça da Serra Limpa. E só faz a melhor cachaça do mundo, admirada até pelo papa, por ser uma pessoa muito feliz. A felicidade transborda e cria uma áurea de sucesso no seu ambiente. Seu Antonio produzia cana para uma usina, que faliu. Então começou a fazer cachaça. Existem milhares de engenhos de pinga pelo país, mas seu Antonio decidiu fazer a melhor do mundo. Tem uma organização impecável, orgulho do pessoal do Sebrae da região, tudo orgânico. Puxa a cana com carro de boi. E cada boi trabalha um dia e descansa dois. E quando esses bois ficam velhos ele não os manda para o abatedouro, ficam ali até morrer naturalmente. O ambiente na Serra Limpa é de alegria geral. Funcionários felizes, sem acidentes de trabalho, e um prazer gigantesco pelo fazer benfeito. Seu Virgulino, homem simples, trabalhador, inteligente por criar valor no que faz, mas espetacularmente feliz. E sua felicidade se transfere no ambiente e em cada garrafa da Serra Limpa. Recomendo.

E, essa conquista da felicidade podemos observar nas mais diversas situações. O Tiago é um pedinte. Pede esmolas próximo da avenida Paulista, em São Paulo. Ele tem um cão chamado Scooby. Ele é feliz e não pede esmola para si. Tem uma placa num carrinho onde leva o Scooby escrito: "ajuda pra ração". É impossível não ajudar na ração do Scooby.

Vivi anos de minha infância em hospitais, e retornando a um deles onde passei bons tempos, eu me perguntei, agora como adulto, mais de cinquenta anos depois – o que acontecia comigo ali, por que eu guardo somente coisas boas do hospital? E me surpreendi. Eu era feliz ali no hospital. Eu brincava, fazia aviõezinhos de papel, corria com as cadeiras de roda, jogava jogo de botão na mesa da enfermaria... e por conseguir manter essa força infantil, com a alegria e a felicidade, ultrapassei circunstâncias que, sem isso, com certeza teriam sido de efeitos altamente traumáticos na minha formação mental.

Felicidade é um direito. A sua conquista um dever.

Quero agora que você avalie o seu nível de felicidade naquilo que faz, onde está, com quem se relaciona. Dê nota de zero a dez. Onde a nota estiver muito baixa, menos de quatro, pergunte para você mesmo: tem algo que eu posso fazer para ser feliz ali, me divertir, e transformar uma infelicidade na felicidade? Como conquistar felicidade naquela circunstância? Tenho aliados? Do que posso aprender a gostar dali que transformaria esse convívio numa possibilidade de felicidade? Já tentei? Posso tentar de novo? Posso tentar diferente?

E onde você dá nota oito, nove, nota dez para a felicidade? O que ocorre ali que seria possível transportar para os locais aos quais estou dando notas baixas? E onde dou notas médias, como transformar essas situações em notas mais elevadas? Sim, a felicidade é um direito, mas a missão significa saber conquistar.

Se você está quase sempre infeliz, eu não tenho dúvida, o problema está em você. Peça ajuda. Se é meio mais ou menos, você pode se esforçar e melhorar. E se você consegue estabelecer um clima de felicidade em qualquer lugar, e isso já se transformou num automático do seu estado de espírito, significa que você já aprendeu muito sobre essa arte. E aqui vai então o como conseguir: se você se vê como muito infeliz, olhe ao redor. Se estimule com exatamente as pessoas, que mesmo numa circunstância considerava desagradável, representam um guerreiro para ser olhado, admirado e imitado, para conversar. Já passei por muitas situações as quais considerava ruins, não gostava. Comecei trabalhando como auxiliar de livreiro, para ajudar em casa aos 15 anos. Não gostava. Mas aprendi a gostar, e quem me estimulava era o filho do dono da livraria. Sempre gritava lá do fundo da loja: "ânimo, José", e me animava, brincava comigo. Trabalhei depois como auxiliar de escritório numa pequena avícola do bairro do Macuco, em Santos. Não era nenhum lugar o qual algum jovem adoraria estar e ser feliz. E, novamente ali, encontrei através de pessoas, os motoristas das kombis, os clientes, um dos sócios, a tal da felicidade, e aprendi a ser feliz também ali... e assim, amigos a vida será. Somos guerreiros, não nascemos prontos. Conquistar a felicidade o nosso dever. E aprenderemos isso com pessoas que já sabem assim ser. Presta atenção.

Dessa forma, a conquista da sorte será sempre o resultado da sabedoria, da qualidade das nossas estratégias, do volume e do esmero do trabalho, e, em grande parte, dos relacionamentos humanos que decidimos escolher para a caminhada breve e curta da vida, que pode ser coroada de felicidade e sucesso ou de traumas e angústias tenebrosas.

De acordo com Henry Ford, "nada é difícil se for dividido em pequenas partes". E não se esqueça da "dica" de Churchill: "se estiver passando pelo inferno, continue caminhando", muito bom para quando estamos ou imaginamos estar numa crise de dantescas proporções. Apenas cuide para separar a imaginação da realidade.

CAPÍTULO 13

GUERREIROS LIDERES NÃO ABANDONAM, O PRAZER MAIOR ESTÁ EM PODER VOLTAR PARA CASA – MÉTODO 6

"Nunca diga às pessoas como fazer as coisas. Diga-lhes o que deve ser feito, e elas surpreenderão você com sua engenhosidade."

– GENERAL GEORGE PATTON

A jornada de um ser humano, guerreiro eterno que não nasce pronto, mas em permanente estado de aprendizado, representa momentos de solidão e mesmo de enfrentamentos contra a opinião da maioria. O maestro João Carlos Martins, ao reger uma grande orquestra, está de costas para o público. O general Colin Powell afirma que "você terá alcançado a excelência como líder quando as pessoas o seguirem a qualquer lugar, nem que seja por curiosidade". Viveremos muitos momentos difíceis na vida. Nesses momentos, ou crescemos e aprendemos, ou estagnamos, paralisamos e regredimos. Essas horas, as difíceis, são assim definidas por Peter Drucker, o principal guru da administração contemporânea: "Na crise, não existe liderança compartilhada. Quando o barco está afundando, o capitão não pode convocar uma reunião para ouvir as pessoas".

Na saga dos nossos guerreiros interiores, sempre viveremos horas isoladas, situações em que nossas decisões precisarão brotar de quanto acumulamos de valores e de experiências para processar e poder decidir. São as horas do "ponto sem retorno", quando não dá mais para recuar. Isso significa não poder esperar que o terreno seque para lançar o ataque, o que fez Napoleão perder a guerra em Waterloo. Significa também não fazer o que estava decidido, como a resolução de Hitler de invadir a Rússia, cerca de trinta dias após o planejamento original, com todo o cenário climático e logístico da operação alterado.

Na nossa vida, precisamos ter bons motivos para voltar para casa. Essa casa não está apenas no plano físico dos tijolos e cimento. Essa casa, numa história de vida, significa a nossa caverna íntima, quanto poderemos compartilhar do aprendizado da jornada. Alexandre o Grande teria feito três pedidos à beira da morte. Convocou os generais e disse: "Primeiro, quero que os mais eminentes médicos carreguem meu caixão, para mostrar aos presentes que não têm poder de cura nenhuma perante a morte. Segundo, quero que o chão seja coberto pelos meus tesouros, para que as pessoas possam ver que os bens materiais aqui conquistados aqui permanecem. E, terceiro, quero que minhas mãos balancem ao vento, para que as pessoas possam ver que de mãos vazias viemos e de mãos vazias partimos".

Morreu aos 33 anos, na Babilônia. Seu pai, o rei Felipe II, lhe ensinou a arte militar, e o sábio filósofo Aristóteles o educou para a reflexão filosófica. Não sabemos ao certo se essas frases foram mesmo proferidas pelo próprio ou criadas por inteligentes publicitários da época. Faltou algo assim quando Hugo Chávez, o líder bolivariano, faleceu. Sua última frase foi pífia: "Não me deixe morrer"...ele poderia ter dito algo muito mais poderoso, como: "Morro para a eternidade do bolivarianismo" ou "Vida eterna à Venezuela bolivariana" etc., frases com poderes seculares gigantescos. Nem sempre os líderes contam com essa felicidade de ter ao lado bons escribas nas horas do desenlace final. Mas não é dessa volta a casa que queremos tratar. Esse retorno significa algo mais profundo: as marcas indeléveis que um guerreiro que nasceu, cresceu e aprendeu deixa de legado. É fundamental sermos melhores primeiro para sermos maiores depois. Vimos que guerreiros, seres humanos em vida, nunca param de aprender. Estar sempre aberto ao aprendizado, mesmo nos instantes finais do ciclo da vida, continua sendo sabedoria máxima. E uma delas, gigantesca, está na capacidade de saber sair. Isso representa criar sucessores para suas empresas, suas obras. Formar seguidores libertos para agregarem seus próprios conhecimentos e descobertas em suas linhas de investigação e pesquisas.

Eu nunca soube o que significava a palavra superação. Nunca fui movido pela explicação do seu sentido. Para mim, superação era o que eu fazia todos os dias para viver. O ato concreto da vida. O movimento da vida. O criar, o trabalhar, o errar e ser corrigido; o rebelar-se, a indignação. Enfim, eu não sabia o que significava superação. Hoje, por ironia da vida, essa palavra está muito associada ao meu nome. Contudo, prefiro a arte abrasiva, o cutelo e o martelo da vida nua e crua, a forja da nossa alma guerreira como um legado da minha própria experiência para meus leitores. Afinal, guerreiros não nascem prontos.

Vou deixar onze pontos fundamentais da vida para a criação da arte da vitória em cada um dos guerreiros que não nascem prontos. Você, eu, e as pessoas para quem você vai presentear este livro.

1 – O ciclo é virtuoso quando as linhas seguem paralelas e independentes, mas inevitavelmente se unem um dia no infinito.

O aprendizado gera sabedoria. Com a sabedoria, mudamos.

O Barão de Itararé também registrou: "Não é triste mudar de ideias; triste é não ter ideias para mudar". As coisas não mudam, somos nós que mudamos as coisas. E você poderia dizer: "Mas nem tudo o que se enfrenta pode ser mudado". É verdade, mas fico com a observação de James Baldwin: "Nada pode ser modificado até que seja enfrentado".

Com a mudança, obtemos evolução. Isso nos leva a uma nova conclusão, um novo ponto de verdades que assumimos, a uma síntese, palavra feminina que vem do grego *synthesis* e significa algo muito além que o resumo de um texto. Segundo Kant, quer dizer uma "unificação", a reunião de distintas artes de um todo maior. Para Hegel, outro filósofo, a síntese é resultante do choque de seus opostos, a tese e a antítese. Na nossa vida do dia a dia, eu representaria esse poder de síntese como aquele talento de um ser humano em ver e observar os opostos, os contrastes, e procurar conclusões novas e inovadoras a partir do que já existe ou mesmo de ideias a respeito do futuro.

A síntese de uma vida só pode ser concluída na morte. No último instante, algo pode transformar tudo o que foi feito, numa longa vida de muitas décadas, em algo eternizável ou esquecível. E uma vida curta pode se tornar longa graças à intensidade e à qualidade de seus atos. Esse ciclo de aprendizado, sabedoria, mudança, evolução e síntese compõe a nossa história, e devemos ser, cada um de nós, os autores da trama da nossa própria vida. O passo número 1 do guerreiro aprendiz está em ver, ouvir, escutar, sentir e manter cada linha de qualquer coisa com a qual se depara independente. Não junte uma coisa a outra sem o devido tempo. Faça como Jorge Luis Borges, escritor argentino que escreveu sobre a arte de fazer uma extraordinária *paella*: "Para fazer uma ótima *paella*, você precisa de bons ingredientes, distintos e os mais diversos. Dos frutos do mar às especiarias, pimentas, vegetais de qualidade, sal, alho e arroz. Mas uma ótima *paella* será aquela na qual, apesar de misturarmos tudo isso, um conjunto em que o todo é reunido numa síntese especial e única, ainda assim conseguirmos preservar a individualidade e a integridade de cada grão de arroz".

Guerreiros mantêm linhas paralelas em observação e aprendizado permanentes e as preservam intactas, apesar de não terem dúvidas de que em algum ponto do futuro elas tenderão a se encontrar.

Conclusões práticas?

Ao jovem, não feche raciocínios. Estude várias áreas do conhecimento, para poder saber o que não será antes de saber o que quer ser. Jogue fora preconceitos. Trabalhe com o voluntariado, não importando que idade tenha, faça isso desde a mais tenra idade... Dez anos? Ótimo. Doze? O.k. Dezesseis? Já estava na hora. Ao trabalhar em várias coisas como voluntário, você vai descobrindo e aprendendo sobre você mesmo.

Ao adulto, desenvolva várias carreiras, não seja uma coisa só. Faça ações paralelas, crie fundações, ou seja, o ciclo virtuoso requer trabalho e também raciocinar sobre o trabalho.

Pode parecer um pouco sofrido esse início de caminho, mas logo você vai aprender a transformar o que parece árduo e espinhoso em prazer e satisfação, o que só pode ser obtido com trabalho. Essa coisa toda nos leva ao amor. Começamos a ver o invisível que está escondido em tudo. A consequência é riqueza. Começamos a extrair valor seja do que for na vida. No entanto, para poder tocar guitarra e ter deliciosos momentos de alegria e felicidade com a minha banda de rock, é preciso cortar e esfolar a ponta dos dedos nas cordas de aço do violão. Depois disso, forma-se uma calosidade na ponta dos dedos e ela fica durinha. E, assim, nossos dedos rasgam o aço por cima dos trastes e do braço das guitarras sem nenhum sofrimento. Foi o trabalho que venceu, gerou amor, permitiu a riqueza dos momentos, e tudo isso segue adiante comunicado e transformado em música. Simples, mas é assim em tudo.

2 – Não tema o futuro, faça com que ele sempre lhe venha pela frente.

Não temer o futuro desde que ele venha pela frente é um dos pilares dos guerreiros. Isso quer dizer analisar ambientes e cenários para não ser surpreendido pelo movimento futuro, pegando-o desprevenido, pelas costas.

Edith Piaf foi um gênio da música francesa. Na sua última entrevista, disse que seu conselho para qualquer ser humano seria simplesmente "Ame". Uma nova cantora francesa que faz muito sucesso hoje e para sempre fará é a Zaz. Uma de suas músicas pede para que todos venham para a sua realidade: "Eu quero amor, alegria e bom humor. Quero morrer com a mão no coração. Não é o dinheiro que me trará felicidade. Vamos juntos descobrir a minha felicidade... Me dê uma suíte no Ritz, eu não quero... Me dê a Torre Eiffel e o que eu faria? Portanto esqueçam todos os seus padrões. Estou cansada de boas maneiras, eu falo alto e sou sincera. Estou cansada dos linguarudos. Eu sou assim". Assim, Zaz convoca a todos para a sua realidade.

Qualquer um de nós amaria esse mundo de Zaz, mas ele exige um componente permanente de lutas. Quando saímos da Zaz e vamos para o Tolkien, o que vemos ali? Tolkien escreveu fábulas ou realidades fabulosas? Dê um tempo e leia de novo essas fábulas. O que você vai ver no Frodo ou no Bilbo? Seres simples e puros no enfrentamento das lutas malévolas da vida, com as provocações externas de forças vampirescas, mas acima de tudo consigo mesmos. Um amigo meu reclamava para mim do filho que era apaixonado por todas as histórias do Tolkien e passava o dia no computador investigando *O silmarillion*, os *Contos inacabados*, *A sociedade do anel*... Eu disse a ele: "Ótimo, ele está extasiado pela vitrine. Peça agora que ele entre no estabelecimento". "Qual estabelecimento?", perguntou meu amigo. "O do autor. O Tolkien, o cara que escreveu tudo isso." Aí está o caminho da profundidade, das vitrines curiosas e intrigantes das fantasias, para os beijos nas realidades da vida, e de como Tolkien se fez um "guerreiro". Nada nasce pronto. A admiração pela obra de um ser humano nada mais é do que nos interessarmos pelo processo que permitiu aquilo existir. Aí está o saber. Da mesma forma que desejamos o mundo e as realidades da Zaz, queremos contar com os desfechos do *Hobbit*. Mas prestem atenção nas lutas, nos conflitos e nas transformações que cada um dos heróis guerreiros sofre ao longo da fábula. Veja as lições, e lembre que toda e qualquer fábula tem raiz na vida real. As últimas linhas do *Hobbit* nos ensinam:

"[...] o antigo senhor da cidade tivera mau fim... o senhor apanhou o mal do dragão, apoderou-se da maior parte do ouro e fugiu com ele, para acabar por morrer de fome nos Ermos, abandonado pelos seus companheiros... o novo senhor é um tipo mais sensato, é-lhe atribuída a maior parte do crédito pela prosperidade presente. Estão a compor canções que dizem que, no seu tempo, os rios corriam refulgentes de ouro.

"'Então as profecias das canções antigas acabaram de certo modo por se tornarem realidade!', exclamou Bilbo. 'Claro', confirmou Gandalf. 'E por que não haveriam de se tornar realidade? Certamente não deixaste de acreditar nas profecias pelo fato de teres contribuído para que se realizassem? Não supões com certeza, pois não, que todas as tuas aventuras e fugas foram conseguidas por mera sorte, para teu exclusivo benefício? És uma excelente pessoa, Bilbo Baggins, e eu sou muito teu amigo; mas no fim de contas és apenas um indivíduo pequenino num grande mundo!'.

"'Graças ao céu', exclamou Bilbo, a rir, e estendeu-lhe o frasco de tabaco."

As profecias e os sonhos um dia viram realidade, mas a consciência da luta precisa permanecer clara para o guerreiro. O mundo de Zaz é admirável, mas precisaremos agir e trabalhar muito para que um dia exista. E, quando chegar, assim como Gandalf explica ao Bilbo, não será para o seu uso particular e exclusivo – afinal, somos todos muito pequeninos perante um gigantesco mundo.

Na prática?

Como Umberto Eco, escritor de *O nome da rosa,* me disse num encontro no MIT, ao lado de Nicholas Negroponte: "Cuidado com o mundo digital". Por um lado, ele é genial; consigo escrever este livro buscando dados e informações de qualquer coisa do mundo, da história, sem sair da frente do meu notebook. No passado, isso seria impossível ou tomaria dezenas de anos. Por outro lado, prestem atenção para não se transformarem num *lumpendigitales,* o que significaria ausência de consciência e estupefação apenas pelos efeitos das aparências, podendo inibir o desenvolvimento do aprendizado em camadas mais profundas do conhecimento: voar em torno da lâmpada, sem jamais entendê-la, e podendo morrer estorricado pelo seu calor. Domine o Snapchat e não seja dominado por ele. Não se afaste de quem está próximo para se aproximar de quem está longe. Faça o "e", jamais o "ou".

3 – Crise vem de *krisis* e significa interpretação do sonho.

A palavra *krisis* em grego significa "ato ou faculdade de distinguir, escolher, separar, explicação, interpretação do sonho". Na jornada dos nossos guerreiros, viveremos múltiplas crises, e elas não devem ser recebidas com desanimo ou mesmo azar. Todas as crises devem ser entendidas como naturais e positivas, por nos provocarem necessárias mudanças. O universo e a vida têm suas marés. Correntezas sempre existiram. É possível vir num barco a remo da África para o Brasil, aproveitando as correntes e o estudo das correntezas. Contudo, tubarões, bancos de areia, rochedos e mesmo outros navios e plataformas submarinas podem destruir o navegador que for apenas surpreendido pelas crises. Guerreiros ao saber que não nascem prontos atuam sempre com a vontade da preparação.

Nossa cabeça e nossa forma de pensar costumam ser um imenso obstáculo amplificador das crises. Aos 18 anos, precisei ganhar algum dinheiro para pagar as contas na casa da minha tia, com quem morava em São Paulo. Fazia música para o teatro, estudava jornalismo e precisava ajudar nas despesas. Peguei o *Estadão* e vi um anúncio: "Precisa-se de vendedores". E lá fui eu. Eles me admitiram não sei bem por quê, pois tinha experiência zero e uma péssima apresentação – até hoje, acho que o dono ficou com pena de mim. Era o John, fundador da SCI, que depois se transformou numa grande empresa da área de informações comerciais. Eu era o pior vendedor, e o que faz o pior vendedor, o pior aluno, o pior professor, o pior seja no que for? Ele fica logo amigo do outro colega tão ruim quanto ele. Estabeleci uma amizade imediata e instantânea com outro vendedor muito ruim. Não vendíamos nada para ninguém. Vivíamos juntos e, ao fazer isso, piorávamos a cada dia. E quem nós não suportávamos? O melhor vendedor. Nós nos afastávamos dos melhores e com isso criávamos uma afinidade e um grupo de incompetentes e infelizes que só pioravam a cada dia, mas colocávamos a culpa em tudo e em todos. Fui salvo pelo dono, que gostava de mim e me levava para o lado positivo do ambiente. Hoje, com muitos anos de experiência como executivo e líder de empresas e entidades, vejo esse fenômeno se repetir. Há uma afinidade entre seres humanos com a mesma visão de mundo. Novamente somos o resultado dos seres humanos com quem nos relacionamos. Isso é revelador de nossas crenças na vida. Para mudar, e enxergar crises como *krisis*, é necessário reinterpretar os sonhos da nossa própria vida. Quando dirigia mais de mil vendedores numa operação do grupo *O Estado de S. Paulo* na venda de classificados, enxergava sempre essa sina melancólica das afinidades embalando e reunindo pessoas ou para o progresso, ou para o insucesso e a infelicidade. Analisando a frequência das chamadas telefônicas dos celulares oferecidos pela empresa ao grupo de vendas para fins de trabalho, a constatação reforçava a tese: 20% dos vendedores que não vendiam nada para ninguém gastavam cerca de 60% de suas ligações conversando entre si mesmos.

Qual lição tiramos disso? A mais simples de todas: onde quer que você esteja, onde trabalhar ou estudar, cole nos melhores. Não tenha dúvida disso.

4 – Guerreiros não nascem prontos e criam valor a partir da própria vida.

Criar valor a partir da própria vida, das circunstâncias que foram dadas, e entendendo valor como o belo, o útil e o bem, é o que define Makiguti.

Freud nos ensina: "Quando sublimamos os instintos, o destino pouco pode fazer contra nós. A alegria de criar, satisfação do cientista, o prazer de descobrir e de viver, o amor a uma obra, um trabalho, nos oferece a metapsicologia, esse é o único caminho da possível felicidade".

Dona Jô Clemente, fundadora da Apae, exemplifica muito bem o poder de um ser humano na criação de valor a partir da própria vida, sob quaisquer circunstâncias.

Atuar com essa fé, com ausência de dúvida nesse pressuposto, estabelece a vontade primordial. E esse poder, uma vez estabelecido nas entranhas da nossa alma, nos traz a riqueza, a grandeza e a harmonia. Wallace Wattles, autor que inspirou o best-seller *O segredo*, com mais de 4 milhões de exemplares vendidos, escreveu três livros entre 1910 e 1911: *A ciência de ficar rico, A ciência de ser grande* e *A ciência de estar bem*. No Brasil, sua obra *A trilogia do segredo* teve meus comentários no capítulo da ciência do bem-estar: a saúde, a fé, a vida e seus organismos, o que pensar, o uso da vontade e o resumo das ações mentais. Wattles dizia que: "Em primeiro lugar, você deve acreditar que há uma substância pensante a partir da qual todas as coisas são feitas e que, em seu estado original, permeia, penetra e preenche os espaços do universo. Essa substância é a vida de tudo, e ela busca expressar-se com plenitude em todas as coisas. Ela é o princípio da vida no universo e o princípio da saúde no homem". Acessar essa vida cósmica só é possível através da ação. Esses fundamentos estão baseados não apenas em teorias orientais; também os encontramos em Descartes, Spinoza, Leibniz, Schopenhauer, Hegel e Emerson.

Para criar valor a partir da própria vida é necessário ter fé. E não quero tratar neste livro de nenhum aspecto religioso, pois tenho absoluta convicção de que os teólogos e os vocacionados para a religião o fariam de maneira muito mais profunda e brilhante. Quero tratar dessas possibilidades no campo acessível à força humana por si só. Os milagres ocorrem dentro de cada um de nós. A fé aqui tratada representa crer nessa possibilidade e nesse potencial humano que já residem em nós. Há uma história de um monastério onde havia um santo enterrado. As pessoas peregrinavam para fazer pedidos ao santo. Um dia, o monastério foi alvo de ladrões, que levaram riquezas e também os restos mortais do santo ali enterrado. Os monges mantiveram isso em segredo, e os fiéis continuaram indo até lá pedir seus milagres e pagar suas promessas. E tudo continuou como antes. Ou seja, o milagre não estava nos restos mortais do santo ali enterrado, mas na fé de cada fiel. Para movimentarmos essa fé, não basta o pensamento, precisa-se de ação. Isso significa trabalho. O trabalho para ser realizado exige meios, ferramentas. São as habilidades e os meios com os quais realizamos algo. O microscópio é meio; o violino, a máquina de costura, as agulhas de tricô, o computador, a bola, a matemática, a filosofia, a escrita... tudo isso é meio. A paixão com a qual amamos esses processos gera a qualidade, o prazer pelo resultado expressado. Não conseguiremos isso sem o compartilhamento, sem o aprendizado perene. Esse ciclo pode ser utilizado para a obtenção da riqueza, da saúde e da harmonia, o bem-estar na vida.

A riqueza sem o bem-estar e a saúde fica incompleta e pode ainda mais agravar os outros dois fatores. O bem-estar e a saúde sem a riqueza ficam incompletos, pois passamos a ter dificuldades na obtenção de peças, materiais e acessos necessários não apenas para a nossa individualidade, mas na geração de riquezas para muitas outras pessoas. O que fazer com esse fundamento? Não espere pelo milagre do lado de fora. Ele existe e vai depender da sua fé interior.

5 – Transformando obstáculos e riscos em oportunidades.

A tal da oportunidade pode ser generosa ou perversa. "Conheço muitos que não puderam quanto deviam, porque não quiseram quando podiam", frase do escritor francês François Rabelais.

Nizan Guanaes, publicitário brilhante, também deu a sua: "No mundo existem aqueles que choram e os que vendem lenços, eu vendo lenços". E o impávido general norte-americano Douglas MacArthur enfatizou: "Não há segurança nesta terra, apenas oportunidades".

Uma vida será a capacidade de olhar para tudo o que acontece com a fé de descobrir oportunidades. Fernando criou uma das principais franquias do país: a Vivenda do Camarão. Pioneira no ramo, é o fruto exato do olhar da oportunidade sobre um tremendo problema. Proibido de continuar atuando na sua área de vendas de produtos reprográficos, em meio a uma das graves crises da economia brasileira, Fernando não obteve autorização para importar os produtos e exportar os camarões que usava como moeda de troca na balança comercial da sua atividade. Recomendaram que fechasse sua empresa e que comesse os camarões. O que ele fez? Abriu um restaurante no bairro de Moema e colocou faixas nas ruas dizendo que ali havia ótimos camarões a preço justo. Foi um sucesso – a fórmula de olhar para o problema pelo ângulo criativo da sua solução.

A Todeschini é outra genialidade criada a partir de um megadrama que virou um grande negócio. Havia uma fábrica de sanfonas chamada Todeschini. O negócio ia mal; numa era de guitarras elétricas, sanfonas não vendiam mais. Numa noite, a fábrica pegou fogo. Um dos sócios falou para o outro: "Meu Deus, que desgraça", e o outro respondeu: "Graças a Deus, não vamos mais fazer sanfonas". "E o que vamos fazer?" "Móveis", disse, "pois para fazer sanfonas já fazemos móveis". E assim nasceu outro exemplo incrível de transformação de problemas e obstáculos em grandes saídas.

Em Araras, linda cidade do interior paulista, um homem não conseguia ganhar nem para comer trabalhando como empregado rural. Um dia, teve a ideia de vender pipoca na praça da matriz. Ele se dedicou – fazia uma excelente pipoca e atendia todo mundo com carinho –, persistiu e perseverou. Anos depois, ainda há fila no carrinho de Pipoca do Zé, em frente à igreja da cidade. E quem está lá vendendo? Não, não é mais o seu Zé, mas uma parente que continua transformando um carrinho de pipoca numa preferência da região.

As crises fazem parte da vida. São absolutamente naturais. Em quase 3 mil anos de história do mundo, só tivemos 8% de tempo sem guerras. Não é novidade que a família real de Portugal veio para o Brasil para se livrar criativamente do jugo de Napoleão, e isso mudou a história do Brasil.

Juscelino Kubitschek construiu Brasília. Por quê? Em um comício para a presidência da República, um participante levantou a voz e indagou: "O senhor disse que, se eleito, vai cumprir rigorosamente a Constituição. Desejo saber se vai pôr em prática o dispositivo da Carta Magna, que determina em suas disposições transitórias a mudança da Capital Federal para o Planalto Central".

Isso não estava no plano de governo de Juscelino, mas mediante aquela justificada provocação ele respondeu: "Acabo de prometer que cumprirei, na íntegra, a Constituição, e não vejo razão para que esse dispositivo seja ignorado. Se for eleito, construirei a nova capital e farei a mudança da sede do governo", e assim foi feito, mudando a história de todo o Brasil central. Juscelino transformou a construção de Brasília na sua meta-síntese. E registra no livro *Por que construí Brasília*, Edições do Senado Federal, a quem dedicava a obra: "Na realidade, tudo o que sou, como cidadão, como brasileiro, como homem público, à minha mãe o devo. Viúva aos 23 anos, ela só viveu para o trabalho e para a educação de seus dois filhos. Nunca teve uma palavra de desalento, mesmo nas horas mais difíceis. Graças à sua tenacidade, abri caminho na vida. E foi no seu exemplo que me inspirei para realizar o meu destino. Sem a sua lição diante dos olhos, eu não teria feito Brasília. A ela, este livro é dedicado".

Obras imensas e gigantescas, consideradas até impossíveis, são geradas e realizadas quando carregamos dentro de nós uma vontade inequívoca de realização. Brasília não nasceu porque estava prevista em parte da Constituição levar a capital para o interior. Brasília já nascia antes, na viúva que transformava dificuldades em oportunidades. No caso da dona Julia, mãe de Juscelino, isso significava criar homens íntegros e líderes dos seus destinos. Com certeza, uma das mais belas obras de todo o universo.

Podemos ver inúmeras possibilidades de carreiras, estudos e trabalhos, além do empreendedorismo e do cooperativismo para o futuro. E hoje os jovens do mundo são chamados de *futurepreneurs*, no olho das águias da oportunidade.

Agora, como vamos acionar todas essas possibilidades de criação de riqueza, saúde e bem-estar em nossa vida? Como digo para meus alunos todos os dias: o desafio maior do guerreiro nunca está do lado de fora. Está sempre nas conquistas que realiza a partir da própria vida.

O sucesso virá da ampliação das nossas capacidades, ou seja, aplicar de maneira inteligente a lei do mínimo, a qual descrevemos nos capítulos anteriores. Só que esse mínimo do século XXI não é mais o mesmo do século XX.

Existem complexidades com facilidades. Contudo, é necessário foco e esforços. Um bom aluno de administração com ênfase em marketing da ESPM, onde coordeno um núcleo de estudos, em parceria com uma faculdade francesa, a Audencia de Nantes, precisa saber de logística, sistemas, planejamento, *supplychain*, tributação, finanças, custo, visual merchandising, recursos humanos, pesquisa de mercado, data base, redes sociais, economia, liderança, associativismo, inteligência artificial, ciência disruptiva, marca, métrica, controles, propaganda, promoção, *pricing*, vender muito mais e, além de tudo, dar sorte!

Sorte existe e pode ser atraída. Quando sofri o acidente com queimadura no rosto, fui salvo por milagre. E a sorte me favoreceu. O doutor Silvio Correa, um dos maiores especialistas em queimados do Brasil, naquela época (anos 1950) trabalhava na Santa Casa de Santos. Sem ele, não creio que pudesse ser salvo e muito menos ter cuidados e enxertos que superassem as prováveis infecções.

Quem dá azar demais faz algo de errado. Uma vez, duas vezes, três vezes, daí para a frente, tenha certeza, é você que já cismou e faz o azar vencer.

Para transformar os riscos em oportunidades, precisamos atuar com fé absoluta no que Michael Faraday, descobridor do eletromagnetismo, da eletroquímica, admirado por Einstein, afirmou: "A percepção humana não é uma consequência direta da realidade e, sim, um ato imaginativo".

As pessoas de sucesso desenvolvem a força de vontade. Isso exige não se deixar comandar pela superfície da vida, penetrar fundo e resistir às tentações da distração. Esse poder imaginativo permitirá sempre transformar riscos em oportunidades e as crises em *krisis*.

6 – Guerreiros não existem para atender pessoas, mas para inspirar seres humanos

O Brasil está cheio de exemplos inspiradores. Basta prestar atenção na sua cidade, no seu bairro, na sua rua. Ao lado da minha casa há décadas existe uma pequena lojinha de material de construção. É inspirador ver esse casal trabalhando juntos. De manhã, quando saio para o escritório, a loja já está aberta, e estão arrumando as mercadorias. Mais do que o cliente ser fiel, digo que eles, sim, são fiéis. Sei que estão ali todos os dias e vão me servir.

Reúna e liste pelo menos dez exemplos inspiradores acessíveis e acessáveis. E vá conversar com essas pessoas. Va ouvir suas histórias. Pois não há dificuldade e trauma na vida que não possa ser resolvido se for transformado numa boa história. Inspirador, inspire-se. Permita-se ser inspirado. Para você, empresário, jovem estudante, profissional liberal ou de olho na sua carreira ou numa corporação, é necessários ficar ligado nos 6Ss do século XXI: sensorialidade, sensibilidade, sustentabilidade, sensitividade, sedução (arte do design) e simplicidade. Essas seis combinações representam o talento de inspirar pessoas para aquilo que normalmente não estariam predispostas a ver, perceber, usar ou participar.

Tudo precisa ser transformado em simples. Não existimos para complicar e, sim, para descomplicar. Chacrinha, o Velho Guerreiro, já informava: "Quem não se comunica se trumbica".

Para efetuar essa mudança do lado de fora, inspirar outras pessoas, a missão do guerreiro estará no desenvolvimento da coragem, da competência, do carisma, da criatividade e da cooperação.

Hermógenes de Tarso, filósofo e orador grego, nos aconselhou sobre a qualidade da inspiração e nos motiva, dizendo: "Quando eu disse ao caroço de laranja que dentro dele dormia um laranjal inteirinho, ele me olhou estupidamente incrédulo".

A mística do serviço deve prevalecer na alma viva e evolutiva do guerreiro.

Na prática? Simples, observe um comissário de bordo de qualquer voo. Sinta a diferença entre aquela pessoa que ama servir *versus* a outra que, apesar de bem treinada, atua como se estivesse dominada por uma inteligência artificial, e não natural.

Num táxi, observe o motorista com o prazer humano de servir e o compare com outro comum.

Numa agência bancária, sorte é ser atendido por um funcionário que está ali de maneira intensa e desenvolvendo a coragem diária para ser competente, carismático, criativo e cooperador. Ali está um guerreiro ascensional.

Acabei de receber uma mensagem da Fabiana Ferreira, moça que aos 29 anos sofreu uma grave queimadura em mais de 40% do corpo. Hoje, passados mais de dez anos, transformou-se numa executiva da Unisys, multinacional de TI. Perguntei como estava sendo sua vida após o acidente. Ela disse que se considera uma sortuda, pois se vê hoje muito melhor do que antes. Progrediu em todos os sentidos e se sente uma pessoa que inspira a todos os demais

– filhos e colegas de trabalho. Primeiro, sofreu as dores naturais da queimadura. Depois, sentiu o peso da vergonha. E, por último, transformou tudo isso em orgulho. Hoje sorri, feliz, e sua alegria contagia a tudo e a todos. Fabiana é um exemplo vivo da possibilidade de crescimento. Ela me disse: "A gente só sabe a força que tem quando é chamado a exercê-la". Assim são criados os heróis, assim os guerreiros aprendem. Desenvolvemos a força quando precisamos utilizar a força. E Fabiana Ferreira se diz muito mais forte hoje do que era antes. O marido a abandonou, os amigos sumiram, porém a renovação das amizades e das relações aproximaram com toda a certeza essa moça de legiões muito mais elevadas que aquelas com quem convivia antes da queimadura.

Ela se diz grata a mim, pois, ao sair da UTI, não tinha nada além do meu livro *O voo do cisne*. E hoje eu sou grato a ela, por ser a guerreira prática e legítima da possibilidade humana de aprender a aprender e renascer de novo aos 29 anos.

A partir de uma forte mudança, como a da Fabiana, nunca mais seremos os mesmos: ou nos inspiramos a crescer, ou estagnamos e regredimos. Fabiana, mantendo sua fonte infantil de vida, apaixonou-se pela nova Fabiana. Ela é bonita? Muito mais do antes, pois a beleza será sempre o resultado dos olhos íntimos de qualquer ser humano sobre si mesmo e sobre o próximo. Fabiana exemplifica o poder do amor. Para esse aprendizado duro, doloroso e difícil, a capacidade de amar venceu, a força de saber ser amável superou, e o encontro de um novo sentido, de um propósito de vida, serviu de uma nova roupa para usar na vida, o engajamento num sentido mais profundo. Para inspirarmos ao outro, precisamos inspirar a nós mesmos.

Conclusões? Você não vai motivar ninguém se não estiver motivado.

7 – Guerreiros desenvolvem um aguçado poder de foco.

A distração consegue perturbar e não permitir o aprendizado de um ser humano. Você deve conhecer pessoas que nunca estão onde estão, não conhece? Estão aqui, mas sua cabeça está em outro lugar. E, quando está naquele lugar, da mesma forma também não está lá. O cérebro se acostuma a nunca estar onde está. Assim sendo, jamais consegue captar a forças do instante e do aqui e agora. Passa pela vida como se levitasse em qualquer plano onde seu corpo esteja. As pesquisas revelam que pelo menos 50% da humanidade vive na terra como se fosse "turista". Isso quer dizer passeando sem se concentrar em nada. Um estudo realizado pela doutora Karen Weatherby e publicado no *New England Journal of Medicine* é muito engraçado. Mostrou que homens que olham para seios de mulheres podem viver cinco anos a mais em média do que os outros. Na pesquisa, a doutora Karen atribui esse fator ao fato de terem sua circulação sanguínea ativada e melhorada. Num encontro que tive com a Hortência, nossa rainha do basquete, perguntei por que ela acertava mais cestas do que os outros, e ela explicou: "Aprendi que o último dedo a deixar a bola deve ser sempre o dedo indicador e treinei muito". Isso significa foco. Da mesma forma, numa conversa com Bernardinho, o vitorioso técnico das seleções de vôlei, soube que o que ele faz é treinar intensa e intensivamente os fundamentos. Isso quer dizer foco. Há um professor em Cocal dos Alves, no Piauí, cujos alunos do seu curso fundamental são sempre muito bem posicionados em olimpíadas de matemática. Seu segredo é fazer com que os melhores ensinem aos medianos. Isso eleva o poder de foco, da atenção de todos. Na vida precisamos dar um beijo na realidade e criar a partir dela. Novamente quer dizer foco. Estar sempre engajado é ter foco. Representa ver com a mente, a alma, o espírito, e dominar a presença e o presente.

Pelé também me revelou que um dia havia decidido não ser mais jogador de futebol. Ainda no início da sua carreira, tinha sido vaiado por perder um pênalti e, por causa disso, o Santos não ganhou um campeonato. Voltou amargurado e triste para seu quarto no campo da Vila Belmiro e de manhã cedinho decidiu fugir. Quando saía do estádio, Sabuzinho, o filho da cozinheira, viu, deu uma bronca nele e não o deixou ir embora. Pelé obedeceu, voltou para o quarto e esqueceu que não queria mais ser jogador de futebol. "Se eu não tivesse prestado atenção no Sabuzinho, e se ele não estivesse ali, provavelmente eu jamais teria sido o Pelé", ele concluiu. O nosso foco é muito direcionado por nossa visão interna de mundo, são os valores. Para o menino Pelé, o Edson, com 15 anos, havia um valor dentro da sua mente que era obedecer ao que é certo, um valor que veio do berço. Esse foco superior, o líder do foco de cada um de nós, decide nossa vida em fração de segundos.

Os achados, as descobertas, as inovações e o fio do sucesso estão geralmente do nosso lado. Por não preparar nossos sentidos para percebê-los, eles passam por nós, convivemos com eles e não os pegamos, apesar de passarem quase sempre por nossas mãos.

8 – Aprender a admirar pessoas, o segredo máximo dos guerreiros.

Viktor Frankl afirmou: "Aprendemos sentindo, observando e comparando pessoas que deram saltos significativos nas suas vidas com outras que, sob as mesmas circunstâncias, não realizaram". Da mesma forma, o doutor Daniel Siegel da Ucla, nos Estados Unidos, assegura que as experiências dos relacionamentos exercem uma influência dominante no cérebro, porque os circuitos responsáveis pelas percepções sociais são os mesmos que respondem pela criação de sentidos e significados de vida. As experiências interpessoais desenvolvem o cérebro não apenas na criança, mas ao longo de toda a vida.

Já afirmei antes neste livro que sou um admirador do cooperativismo bem liderado. Olho sempre com muita curiosidade para Mario Lanznaster, presidente da Cooperativa Central Aurora Alimentos, que fatura hoje mais de 16 bilhões de reais ao ano. Admirável foi Niemeyer, que com mais de 100 anos continuava criando como uma criança. Também é fascinante a alma juvenil e realizadora do Ale Costa, da Cacau Show, bem como a simplicidade do sucesso de Coco Chanel e a síntese perfeita da simplicidade de Picasso, que começou pintando como uma criança e terminou pintando como uma grande criança. Admiro a genialidade apaixonada do nosso Candido Portinari, que nunca parou de pintar mesmo depois de saber do efeito venenoso das tintas, e de Carlinhos Brown, guerreiro das percussões, e do irmão artista plástico de retumbante sucesso no mundo todo, Ed Ribeiro.

Esses guerreiros nunca pararam de se aprimorar, independentemente da idade. Suas crianças vivas os mantêm vivos e aprendendo ao longo de todo o tempo. Guerreiros não aprendem apenas com aqueles de que gostam. Aprendem com pessoas que amam, com intelectuais, com racionais, com espiritualizados e com provocadores. Um bom adversário pode e deve ser muito estimulante para criar grandes guerreiros. Jamais conheceremos as nossas forças se elas não forem convocadas, provocadas, testadas e reconhecidas, principalmente por nós mesmos.

9 – Guerreiros não aprendem sem a força de suas crianças interiores.

Jô Soares, numa entrevista, me perguntou como eu havia vencido uma árdua experiência de entradas e saídas de hospitais públicos, tendo uma das internações durado sete meses no Hospital Brigadeiro, em São Paulo.

O segredo é relativamente simples. Eu era feliz. Brincava todos os dias. Fazia aviõezinhos de papel e os lançava pela janela do nono andar. Corria pelos corredores, fugia para os outros andares. Apostava corrida com as cadeiras de roda. Eu brincava ali. Portanto a alegria, o brincar e a felicidade são aquilo que nos alimenta, e o sucesso termina por ser decorrência disso. Eu era uma criança, e como criança fazia daqueles tempos um divertimento. Ao retornar ao Hospital Brigadeiro para uma palestra filantrópica, vi quanto o poder de uma alma infantil num ser humano pode fazer por ele. Nossos guerreiros, para aprender, precisam ter a curiosidade da criança, a esperança dela, e o desejo de brincar, de jogar. Crianças conseguem fazer isso nas piores circunstâncias e, se forem cuidadas e educadas, guardarão para sempre essa força imbatível dentro de si. E que diferença isso fará na vida, para sempre!

Estar presente e brincar com o que tem na mão é uma sabedoria nata infantil.

No livro norte-americano *Succeed on your own terms*, de Herb Greenberg e Patrick Sweeney, publicado no Brasil com o título *O sucesso tem fórmula?*, os autores me entrevistaram e me perguntaram como eu definia sucesso. Respondi: "O sucesso começa por manter presente o seu senso de juventude: guardar a imagem da criança que você foi e ter certeza de que aquela criança é parte permanente do que você é e está presente em tudo o que faz".

10 – Não parar nunca de aprender a aprender.

Não bastava para mim a minha vivência e o meu aprendizado, e a transformação como um guerreiro nascido de uma mãe solteira, criado nas ruas da Vila Belmiro e do bairro do Marapé, em Santos, passando por hospitais e demais experiências. Eu precisava buscar um doutorado, além do mestrado que já havia realizado na Universidade Mackenzie. E assim fui à procura de um conhecimento, agora com a metodologia e a racionalidade de um processo. Eu queria descobrir quais eram os ingredientes que estavam dentro e por trás de seres humanos que progrediam, se desenvolviam e evoluíam, mesmo sob circunstâncias muito difíceis, e compará-los com outros que sob os mesmos ambientes não obtinham sucesso. Nenhum guerreiro consagrado nasceu pronto, mas aplicaram o poder do aprendizado permanente sob quaisquer circunstâncias e a partir de sua própria vida para essa vitória. Trata-se da vitória sobre si mesmo, muito maior do que a vitória sobre qualquer obstáculo externo.

Esses seres humanos apresentam dez grandes talentos dentro de si que funcionam de maneira integrada, como numa corrente. E, conforme a lei do mínimo, se um faltar, a corrente se parte e quebra a possibilidade do grande êxito. Os dez fatores unidos e reunidos são:

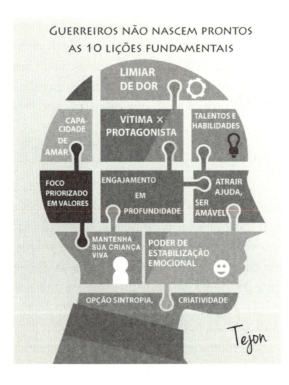

1. Guerreiros sabem que a vida vai bater e não fogem com as primeiras dores. Eles têm o limiar de dor expandido.
2. Guerreiros são protagonistas, chamam para si a vida e suas decisões e jamais atuam como vítimas, colocando a culpa nos outros.
3. Guerreiros possuem uma consciência de saberem fazer muito bem-feito alguma coisa. Esse prazer pela qualidade permite ver nos demais essa virtude. Com isso, saberão atrair e criar times.
4. Guerreiros atraem ajuda. São amáveis e não geram repulsão. Com isso, o universo conspira muito mais a favor deles.
5. Guerreiros, não importa o que estejam fazendo, fazem sempre com um sentido profundo, com elevado engajamento.

6. Guerreiros amam, simplesmente amam. E ao saberem amar renovam dentro de si a renovação do amor. Amam o futuro, na mesma dimensão com a qual veneram os bons ensinamentos do passado.
7. Guerreiros são eternas crianças dentro de grandes adultos.
8. Guerreiros desenvolvem um poder de inteligência emocional que os capacita a tomar decisões estratégicas com visão não apenas no curto prazo, mas no longo prazo.
9. Guerreiros que vencem o tempo são dirigidos e liderados por um conjunto de valores pessoais e íntimos que conjuga com sabedoria a volúpia do presente, a ação e a decisão do agora e as consequências do amanhã.
10. Guerreiros têm a criatividade sempre presente na vida. Não fazem as mesmas coisas, buscam sempre o diferente em tudo. Essa fé permite transformar lixo em luxo, criar riquezas onde outros só veem pobreza e até transformar o feio em belo.
11. Existem duas formas de felicidade:
    - A sensação de dever cumprido, de ter realizado grandes feitos.
    - O prazer gigantesco por tudo o que há para ser feito.

Estava pelos lados de Araçatuba, no interior do São Paulo, para comparecer a um grande evento com meu amigo Jorge Matsuda, hoje um grande empreendedor e empresário brasileiro. O motorista que foi me buscar no aeroporto me falava da sua satisfação na empresa e me contou que conheceu o fundador, o pai do Jorge. E que se tratava de um desses homens guerreiros que ilustram muito o item 2 acima. Esse motorista me disse que perguntou a ele por que, já idoso, com mais de 80 anos, com empresas e realizado, ele ainda estava preocupado em criar mais uma atividade para o seu grupo empresarial? A resposta dele veio como deveria vir a espada justa do guerreiro: "Preciso criar empresas, essa é a única forma de permitir para muita gente o progresso e a felicidade. Não faço mais isso só por mim, faço por muitos".

Assim também fizeram Shunji Nishimura, com sua fundação na cidade de Pompeia, Jose Carvalho, da Ferbasa, em Pojuca, Bahia, a dra. Vera Cardim, da ONG Face Brasil, Salvador Arena, da Termomecanica, e o maestro João Carlos Martins, promovendo muito mais do que a vitória para si próprio, mas elevando milhares ao crescimento. Os guerreiros, os grandes guerreiros, são meninos, como diz uma música do Fagner.

No entanto, é hora de o guerreiro começar a voltar para sua casa, sua morada mais poderosa, o castelo da alma, da calma que a tudo acalma, do clamor do amor, ao sossego da candura.

Mais uma vez, mais uma vez, na volta para casa, rearmamos o amor. Para sempre, isso nunca vai cessar...

O que fazer com todos esses retalhos? Cerzir a manta, sem dúvida. Mas como começo? Começando, ora. Pegue a parte que mais tem afinidade com você, depois a agulha e a linha do viver, e vá costurando. Reúna isso tudo, faça e refaça, e logo mais estará terminado, pois guerreiros não nascem prontos e jamais acabam, encerram ou finalizam. Estaremos sempre em construção, e mesmo no alto da riqueza, da saúde, e do melhor do bem-estar, algo nos estará incomodando, algo como: "Se já fiz para mim, para poucos, é hora de fazer para muitos. Se já fiz tudo isso, está na hora de elevar os olhos acima dos horizontes da terra e deixar-me fluir no éter do espaço".

Reúna estes ingredientes e, como Jorge Luis Borges, escritor argentino, nos ensinou: "Uma boa *paella* precisa de muitos ingredientes, de sua mistura, das especiarias. Será a integração de todos esses sabores. Mas jamais será uma grande *paella* se não respeitar a individualidade de cada grão de arroz".

Portanto, misture tudo isso, mas respeite cada um desses ingredientes.

CAPÍTULO 14

COMO UM PAI E UMA MÃE ADOTIVOS ME ENSINARAM A ARTE DA DIGNIDADE DA LUTA NA GUERRA PELA VIDA

"Quando não se tem um bom pai, é preciso criar um."

– NIETZSCHE

"A mãe é a mais bela obra de Deus."

– ALMEIDA GARRET

Não conheci minha mãe biológica. Entretanto, ela deu a sua vida por mim e para mim. E ela ainda fez muito mais. Soube escolher os melhores pais que eu poderia ter, na sua impossibilidade. Filho de mãe solteira que sou, Beni, de Benigna, uma espanhola, soube ser fiel ao que Nietzsche escreveu – conseguiu um grande homem para ser meu pai adotivo, o Antonio. E, para substituí-la, encontrou a mais perfeita obra de Deus na forma de mãe, a Rosa. E como o filósofo Lao-Tsé concluiu: "Pai e filho são dois, mãe e filho são um". Quase tudo o que sou e no que me transformei devo aos meus pais adotivos, à minha família adotiva, e, claro, aos meus amigos, pessoas que Rosa e Antonio me prepararam para conquistar e admirar.

Estimado leitor e querida leitora, se você é pai, mãe, avó, avô, tio, tia, se você tem amor pelo mundo, precisa depositar a força de suas ações na construção de novos guerreiros. Guerreiros são eternas crianças dentro dos mais distintos indivíduos. Guerreiros nascem no berço e são o resultado da educação e da criação. Neste capítulo, uso a experiência que a vida me ofereceu não para falar dela em si, pois isso não interessa; eu a utilizo para inspirar você ao máximo no trato com suas crianças e, quem sabe, na recuperação total da criança que continua viva dentro de você e que significa toda a diferença entre ser gigantescamente feliz, obter riqueza, alegria, sucesso *versus* não conseguir. Sem a criança interior, não vamos conseguir. Vamos desanimar ou então não teremos ao nosso lado os mais puros e os melhores, e terminaremos por fracassar. Então, vamos a essas crianças...

Retorno agora aos meus 4 anos, já vivendo com Rosa e Antonio. Moramos na rua Princesa Izabel, 257, Vila Belmiro do ladinho do Marapé, na cidade de Santos. Foi nessa casa que minha mãe biológica me deixou com Rosa e Antonio. Foi amor à primeira vista. Eu era um lindo bebê. Era amado e admirado. Naquele tempo, não tínhamos os selfies e os celulares, mas meu pai tirava inúmeras fotos daquele menino, agora filho do casal. Num dia de são Cosme e são Damião, uma mistura de cera com gasolina explodiu no meu rosto. Iniciava ali uma vida diferente e que precisaria ser alvo de uma reconstrução. Durante cerca de três anos, passei por uma série de tratamentos e cirurgias na Santa Casa de Santos, onde iniciei meus estudos na escolinha Nossa Senhora de Lourdes. Já foi uma grata primeira vivência, ao lado de crianças especiais, todas elas.

Contudo, a síntese fundamental da vida desse meu guerreiro interior ocorreu por meio de três marcos fundamentais. O primeiro foi a instalação da coragem dentro de mim. Como criança, menino com o rosto queimado, ao voltar do hospital para casa, eu tinha muito medo. Afinal, sem dúvida nenhuma ali estava, no mínimo, um pequeno E.T. Meus pais adotivos tinham um pequeno bazar de bairro, onde vendiam armarinhos, chamado Bazar Marapé. Tinha uma porta, que existe até hoje, com cerca de 4 metros de largura por 7 metros de fundo. A coragem começou a ser construída na minha pequena alma inconsciente através do meu pai adotivo, Antonio. Homem simples, mal sabia assinar o nome, nascido em Trás-os-Montes, Portugal, na cidade de Chaves. Homem sofrido, tirado da escola para o trabalho no campo desde os 7 anos. Como vários guerreiros imigrantes, pessoas destituídas de medos, pelo menos os comuns e simples, com um limiar de dor muito expandido e forte, Antonio chegou ao Brasil apenas com os braços e as pernas para trabalhar. Ele nadava

GUERREIROS NÃO NASCEM PRONTOS • 163

bem e sempre participava das famosas travessias a nado do canal de Santos. E todo domingo me levava à praia e me fazia nadar com ele, por pelo menos uns 3 quilômetros. Ele me dizia que eu também havia engolido aquela mistura de cera com gasolina e que isso havia afetado meu pulmão. Se não fizesse muito exercício para respirar, eu não conseguiria viver muito. Seu método era direto, forte, mas com o amor de quem quer preparar o filhote para a vida lá fora, sozinho, num dia em que ele não estivesse mais por perto. E agora Antonio tinha um filhote debilitado, com uma grave queimadura que havia desfigurado seu rosto, que, aos 7 anos, já tinha enfrentado uma série de cirurgias, anestesias e dores sofridas. Nadar todo domingo era a norma. Significava aprender a gostar do mar, de suas correntes, de sua força. Mas um dia, não satisfeito apenas com essa lição, Antonio, meu maior amigo, meu velho português, me levou até umas rochas, aquelas pedras temidas pelos navegadores. De um lado das rochas, o mar e as ondas batiam altas e violentas. Do outro lado, havia um remanso protegido, uma minibaía, e as águas eram calmas. Antonio me levou para o lado das águas calmas e perguntou: "Filho, tu poderias viver aqui, neste lugar, para sempre?". Olhei para a água, a rocha firme, e disse: "Acho que sim, pai, aqui não tem ondas bravas". Então, Antonio me fez prestar atenção no outro lado, onde as ondas agitadas se estatelavam em cima das rochas, e me perguntou: "Filho, tu poderias viver tranquilo do lado de lá, onde as ondas estão a bater?". "Não, pai, ali a gente pode morrer".

Então Antonio, com sua sabedoria de vida vivida, de sofrimentos e calos nas mãos, olhou bem para mim, colocou as mãos no meu ombro e disse: "Filho, tu achas que o que acontece do lado de lá agora, na pedra, não vai acontecer mais cedo ou mais tarde aqui, do nosso lado?", e, já emendando, me perguntou: "Presta atenção, filhote, o que vês de coisa viva aqui nas rochas?". Olhei e vi ostras, então disse: "Pai, vejo ostras". "E tu és uma ostra?" "Não, pai, não somos uma ostra". "Então venha", disse ele, "vou te ensinar o que é a vida". Eu estava achando aquilo muito legal. Estar com meu pai, forte, bravo, brincando nas pedras da Ilha Porchat, em São Vicente, era muito gostoso. Então sua aula continuava: "Presta atenção, filho, nós vamos ficar lá do lado da pedra onde as ondas estão a bater". "Mas, pai, não vamos morrer?" "Se ficarmos parados, nós vamos, filho. Assim é a vida, precisamos aprender a não ficar parados nunca. Olha, quando uma onda bate, ela recua, leva mais um tempo, forma uma nova onda, um vagalhão, ele vem e explode na rocha de novo, e assim por diante. Então vamos lá esperar a onda chegar." "Mas, pai, quando ela vier, a gente corre?" E o que meu pai respondeu não esqueço jamais. No melhor de sua simplicidade objetiva e direta, saiu da boca daquele português transmontano a seguinte expressão, olhando firme nos meus olhos: "Filho, não estou a te criar para seres um cagão. Não vais fugir de nada. Nós dois juntos vamos enfrentar e vencer aquele vagalhão! Tu me dás a mão, quando a onda vier, me obedece, eu vou gritar salta filho, e vamos mergulhar juntos bem na barriga da onda e nadar rápido para a areia. O refluxo da própria onda vai nos ajudar".

Com medo, mas tendo na força da mão de meu pai um guia, um leme, uma direção, fui com ele para a ponta da pedra. Quando vinha se formando a onda, meu pai avisava: "Daqui a pouco, filho, deixa ela chegar mais perto, daqui a pouco. Lá vem ela, agora salta, filho". Mergulhamos na mais deliciosa onda do mundo, saímos nadando, demos a volta na ponta do rochedo e colocamos o pé na areia. Então Antonio se virou para mim e perguntou: "Aprendeu a lição, filho? Não tenhas medo. Enfrenta a vida de frente. Olha para o que te vem pela frente. Estejas sempre preparado para saltar na vida. A vida será sempre algo igual ao que fizemos hoje, o encontro da pedra com as ondas do mar. Salta, filho, não fiques parado". Aquele meu velho português instalou na profundidade dos meus neurônios algo que eu não entendia ainda aos 7 anos, mas que viria a ser decisivo ao longo de todo o meu viver, mesmo só tendo compreendido quando já tinha mais de 50 anos. Devo a coragem, desde a tenra infância como um menino debilitado, com rosto desfigurado, ao meu pai adotivo, Antonio.

A segunda lição fundamental me era dada quase todos os dias por Rosa e Antonio. Eles tinham um hábito de admirar pessoas. Eles falavam bem de determinados vizinhos. Elogiavam como eles trabalhavam e os mais estudados por terem conhecimentos. Raramente eu ouvia meus pais falando mal de alguém. Em geral, eram visões de admiração. E, ainda mais, faziam questão que eu olhasse para eles, quando passavam, ou vinham comprar algo no bazar. Eles me apontavam o seu Santos, que era dono do posto de gasolina em frente, e diziam: "Aquele homem trabalha muito e é muito querido pelos empregados, olha lá, meu filho". Quando passava o seu Pontual, que era arquiteto, a mãe e o pai faziam questão que eu o visse, pois afinal, ele havia estudado e deveria ser um exemplo para mim. "Olha lá o seu Pontual, filho, um grande homem, um arquiteto". De vez em quando, vinha na nossa lojinha um representante comercial, me lembro bem, na época da Linhas Corrente. Vendia zíperes, linhas, armarinhos, o seu Alfredo. Quando ele chegava, meus pais me chamavam para prestar atenção naquele homem. Ele vinha sempre de gravata, falava bem, era educado. E me faziam prestar atenção no seu Alfredo. Da mesma forma, o seu Marçal, pai do Marçal, jogador do Santos na época, era considerado pelos meus pais um homem admirável, muito educado. O seu Barsotti, então, era um ídolo. Meus pais não sabiam escrever e esse homem era contador. Meu pai me fez prestar atenção no seu Barsotti escrevendo nos livros, queria que visse os números, porque um dia eu precisaria escrever como ele. A dona Helena, nossa vizinha admiradíssima, dava aulas de violão e cuidava da casa. Mais tarde, ela salvaria minha vida de outra forma, me ensinando a arte e a música. Foi com ela que descobri o poder da criatividade. Também havia sido esse anjo do meu destino que me salvara do fogo queimando na minha face, no dia do acidente.

Rosa e Antonio me fizeram prestar atenção em pessoas. Trabalhadores, estivadores, doqueiros, comerciantes, contadores, costureiras, professoras me ensinaram o que Viktor Frankl ensinou a todos com a logoterapia: a criação de um sentido como forma de as pessoas darem saltos em sua vida, e tendo na admiração pelas pessoas, e na comparação entre elas, a maneira pedagógica para conseguir isso.

Esse segundo fundamento foi outro marco sagrado da construção do meu guerreiro que estava sendo formado, sem saber, sem estudos, apenas com a vida pela vida, através dos meus queridos pais adotivos. Eles me ensinaram a coragem, o não se acovardar, jamais se envergonhar, e instalaram ainda no automático das minhas decisões outra gigantesca sabedoria, a de admirar, prestar atenção em pessoas admiráveis e segui-las como faróis orientadores do rumo.

Um dia estaria sozinho, sem a proteção de Rosa e Antonio, e passaria a ser o que decidisse por mim. E eu não tinha a menor ideia de que suas vozes, as vozes da criação, reverberariam e ecoariam em mim ao longo de toda a minha vida, que essas vozes me fariam corrigir erros. Não que eu não errasse – e como nós erramos! –, mas em algum momento elas explodiam e falavam mais alto do que todas as outras vozes. "Salta filho! Enfrenta o mar de frente, se move..." "Olha lá, filho, que sujeito admirável, que mulher valorosa. Imite aquelas pessoas, seja um grande homem..."

Mais uma vez, eu, conscientemente, não sabia de nada disso. Mas meu inconsciente estava sendo forjado pelos valores de vida dos meus líderes guerreiros, Rosa e Antonio. Só fui compreender isso depois de ter vivido mais de 50 anos. Nos estudos sobre a arte da liderança, aprendia que o fundamental das nossas decisões sobre o futuro não está em saber onde será, como será, quando será, e sim com quem será. Nossa vida será determinada pela decisão presente de com quem decidirmos navegar para esse futuro. Será com quem vamos aprender e enfrentar juntos, com quem vamos criar os próprios caminhos lá na frente. Rosa e Antonio não sabiam de nada disso, mas me ensinaram a observar e admirar pessoas que tinham talento e realizavam com amor o que faziam. Pessoas que trabalhavam e faziam muito bem-feito. Esse fundamento explica tudo o que consegui, pois aonde quer que fosse podia errar nas escolhas, mas qualquer sinal e aviso eram suficiente para mudar de rumo. E, na vida, na carreira, nas empresas, não faremos nunca nada sozinhos, e olhar e estar com os mais capazes e os mais bem preparados nos estimula a sermos melhores. Esse foi outro fundamento sagrado na minha criação que me foi dado por Rosa e Antonio.

Por mais que possamos aprender a ser muito capacitados como indivíduos, não daremos passos maiores se não formos um membro colaborador de equipes. Daí alcançamos a missão de um gerente, que significa realizar com recursos escassos, assumimos em algum momento o desafio de liderar, e então um líder eficaz vai exercer o comprometimento com a entrega para finalmente usufruir de uma enorme satisfação, o resultado total de uma grande obra com as pessoas.

E, por fim, o terceiro fundamento, aquele que talvez possa ser o que amalgamou, integrou e sedimentou os anteriores, me foi dado por Rosa. Ela me fez prestar atenção nas batatas, e isso salvou toda a minha vida a partir de então. Eu procurava não sair de casa, não ver ninguém e não ser visto. Não suportava a ideia de ir aonde houvesse muita gente. O motivo, vocês podem imaginar: o rosto queimado. Era sempre alvo das mais diferentes interpretações das pessoas. Toda quinta-feira tinha a feira livre do bairro. Até hoje tem, fica na praça José Olympio de Lima, na Vila Belmiro. Era comum na época as mães irem à feira com os filhos, para que eles ajudassem a carregar sacolas e puxar carrinhos. Minha mãe queria me levar e eu fugia. Subia no telhado e ela não conseguia me pegar. Ficava brava, vocês podem imaginar uma "alemoa" nascida no morro do Canastra, no Rio Grande do Sul, criada na colônia alemã, brava e esbravejando? Ela dizia com seu eterno sotaque alemão: "Menino, você precisa ajudar sua mãe na feira. Todos os filhos ajudam, e as vizinhas estão dizendo que eu não sei te dar educação, porque você não me ajuda...". Mas eu não queria saber de ir à feira, era uma tortura ao ar livre. Ela voltava, me dava um sonho e um pastel, e avisava que na semana seguinte ia me levar. Na outra quinta pela manhã, eu subia no telhado de novo, e dona Rosa, brava, me mandava descer. E eu nada. Ela desistia, furiosa, e ia à feira sozinha. Na volta, de novo, um sonho e um pastel, e dessa vez uma ameaça definitiva: "Semana que vem você não me escapa, não quero saber de vizinhas dizendo que não sei educar meu filho". A semana passava bem, comigo na minha zona de conforto, e na quarta-feira à noite eu já preparava minha estratégia de subir no telhado no dia seguinte, logo cedo. Contudo, naquela manhã algo novo ocorreu. Acordei com o braço amarrado no dela. De madrugada, minha mãe se amarrou a mim. Levantamos juntos, e ela me arrastou para a feira chorando e berrando. Não teve acordo. Quando chegamos lá, a primeira barraca era das batatas – coisas duras primeiro, para colocar no fundo do carrinho. Em volta, uma multidão foi se reunindo para ver o E.T., que era eu. Eu fitava o nada, pois minha vergonha era grande e tinha medo dos olhares, do burburinho e do vozerio. Dona Rosa olhou pra mim e me deu uma ordem: "Filho, preste atenção nas batatas. Veja este saco, que grande. Você vai escolher uma a uma. Estas são para fazer cozidas, para seu pai, que é português". Comecei a escolher as batatas quando vi uma mulher gigantesca se aproximar, chorando, abraçar minha mãe e berrar para todos ouvirem: "Como seu filho ficou...". No momento em que eu ia prestar atenção naquela mulher, minha mãe se desvencilhou do abraço, se abaixou e me deu outra ordem: "Filho, preste atenção no que você tem que fazer. Olha aqui, esta batata não está bem escolhida, pegue as bem lisinhas, as maiores, sem manchas. Vamos lá, atenção nas batatas...". Em volta da barraca, gente se reunia e um burburinho se ouvia. Escutei uma mulher que puxava o filho pela mão dizer a ele: "Olha lá quando eu digo para você não mexer com fogo, olha como você vai ficar!", e de novo, quando eu ia parar e olhar para todas aquelas pessoas em volta, mais uma vez a dona Rosa ergueu sua voz e me mandou prestar atenção e escolher as batatas do saco ao lado. E acrescentou: "Estas são as pequenas, redondinhas, para fazer no forno, como alemão gosta... Vamos lá, pegue uma a uma com a sua mão".

Dona Rosa, sem conhecer Daniel Goleman, me orientou a ter foco. Ela me fez prestar atenção nas batatas, no alho, na cebola, nas laranjas e, quando voltamos para casa, me abraçou, beijou e falou para o pai: "Hoje ele foi um grande filho, me ajudou, e ninguém vai poder dizer que não tem educação". O pai me abraçou. Nesse dia, senti o amor forte daquele casal que me adotara como um lindo bebê e agora precisava educar um precioso E.T.

Na semana seguinte, eu já havia perdido o medo e fui com minha mãe para a feira. E lá chegando precisava enfrentar de frente as ondas fortes do mar da vida. E quais eram? Em primeiro lugar, a agressão das outras crianças. Um bando de moleques gritou: "Olha o queimado". Olhei para eles e percebi que cada um também poderia ter um belo apelido, pois, se alguém não tem defeito, você inventa um e ele acredita que tem. Lá estavam os garotos da minha rua. Começamos com os nossos *bullyings*, de um lado e do outro, mas logo vi que eles não eram inimigos. Começamos a correr, a chutar laranjas do chão. E a primeira vez na minha vida em que senti a sensação de sucesso foi no dia seguinte à feira. Os meninos da minha rua foram me chamar para jogar bola com eles. Eram, agora, meus amigos. Eu havia conquistado a minha rua, a minha feira do bairro, os quarteirões em volta da minha casa. Se não tivesse realizado essa conquista, dificilmente conquistaria outra coisa no mundo.

Esse terceiro fundamento, o foco, onde colocar o centro de suas atenções, novamente foi o motor de toda a minha vida em todas as experiências futuras.

Eu não sabia disso, não tinha consciência disso, mas fui guiado, dirigido e continuo sendo pela trilogia de Rosa e Antonio – coragem, pessoas e foco.

CAPÍTULO 15

O SUCESSO TEM FÓRMULA, E A VITÓRIA DO GUERREIRO TAMBÉM

"Sucesso, para mim, é manter viva a sua fonte da juventude. Significa saber que a criança que vive em você está presente em tudo o que você faz e fará. Sucesso é a vitória da criança interior."

Diversos são os ingredientes para um ser humano obter sucesso na vida. Ficará sempre a pergunta: "É possível ter sucesso sem a felicidade como meio ou podemos ser felizes sem conquistar o sucesso?". O que podemos afirmar é que sucesso é o que aprendemos enquanto perseguimos qualquer coisa na vida. Se prestarmos atenção, vamos ver que nossos rumos, destinos, vidas vão se transformando muito mais num processo de erros, acertos e aprendizados do que tanto na qualidade de um planejamento prévio impecável. Mas existem ingredientes fundamentais nessa formação dos nossos guerreiros pessoais, de nós mesmos.

Cada um deve buscar identificar o seu ponto de força. O seu máximo. Mas, como já escrevi neste livro, cuidado, são os elos fracos da nossa personalidade, os mínimos dos quais temos de cuidar, que podem arruinar todo o nosso potencial maior. Morganti, meu amigo mestre do MMA, me dizia: "Um atleta de alta performance precisa ter 90% de genética, mas se não der o melhor nos 10% da educação, do treinamento e do preparo, jamais vai alcançar o seu nível supremo". Ou seja, tem muito 10% que aniquila os 90%.

"Talvez sucesso tenha menos a ver com o que você tem e mais com saber quem você é", assim afirmou Rebecca Stephens, que escalou o Everest.

O autoconhecimento faz parte dessa jornada do guerreiro, bem como a resiliência, num sentido da ampliação da competência para suportar dores e incômodos; a disposição para assumir riscos, sem o que jamais podemos vir a ser guerreiros; desempenhar bem sob pressão, algo que incomoda a muitos, mas é uma condição inegável do viver numa natureza mutante e competitiva; e o otimismo, força que irradia e atrai poderes incríveis de êxito e felicidade. Um amigo meu, diagnosticado com câncer terminal, dias depois de não acreditar que aquilo estava acontecendo com ele, mudou seu pensamento e se perguntava todos os dias: "Se este fosse meu último dia, como eu gostaria de passá-lo?". E com isso descobriu fontes e forças impressionantes de alegria, felicidade e realizações que, segundo ele, jamais teria encontrado sem o otimismo de curtir cada dia como se fosse o último.

A empatia, da mesma forma que opera milagres, atrai amabilidade, ajuda, grandes pessoas e como salientei em capítulos anteriores, também traz a sorte. A empatia, como a qualidade de nos colocar no lugar da outra pessoa, cria em nós um vínculo, um link, um elo de confiança nas relações. A competitividade como fator guerreiro é um diferencial: ter um elevado tônus vital, lutar para ser o primeiro. Sem essa força competitiva, não teríamos visto madre Teresa de Calcutá nem o embaixador Sergio Bandeira de Mello, até hoje reverenciado no mundo todo por sua força íntima nos momentos mais difíceis. Não teríamos dona Jô Clemente e todos os seres humanos que reverenciamos por sua benemerência e filantropia, pois a competitividade precisa também estar ali fortemente instalada. Sem muita luta não se realiza o bem. Para a construção do nosso guerreiro, necessitamos de muita força persuasiva. A arte da venda. Somos todos vendedores. No momento em que o bebê nasce, já aprende a pedir, gostar ou não, reclamar, exigir. A arte da persuasão tem um papel importante em momentos decisivos do caminho dos guerreiros. Quem faz o comércio não faz a guerra, escreveu Camões. Negociação uma arma poderosa dos guerreiros. Segurança, a partir da confiança que a pessoa tem em si mesmo, é um fator de imenso diferencial numa vida. Saber separar o que seria uma mania, uma teimosia, um autoengano de uma segurança interior é a sabedoria do grande guerreiro. Paixão não tem discussão, é simplesmente impossível ser bem-sucedido sem amar o que se faz. Guerreiros são íntegros, o que significa a qualidade de ser inteiro. Sem confiança, nada progride, nem a semente quando não confia no solo e muito menos qualquer relação humana ou negócios duradouros. Bom humor, ah, isso é genial, grandes guerreiros sabem rir de si mesmos, para começar, e conseguem ver humor em tudo. Estar aberto – e disso falamos muito neste livro, afinal nosso tema central é o de que guerreiros não nascem prontos – é tudo. A criatividade e a coragem também. Todas essas qualidades devem nos inspirar após esta leitura. Identifique onde está seu elo forte. Observe onde estão os elos frágeis e saiba sempre que no mínimo se desenvolve a base para obtermos o nosso máximo. A grande maioria de nós termina por cair na ausência de algumas coisas mínimas e, por isso, joga fora gigantescos potenciais. Um exemplo? Uma grande e talentosa expert em recursos humanos que conheci praticava três mínimos erros, fáceis de corrigir, mas vivia vítima desses mínimos: arrogância, abrasividade e excesso de crítica. Toda a sua capacidade foi para o lixo, ao longo de sua vida profissional, por não conseguir cuidar desses três básicos e mínimos ingredientes da vida.

A perseverança, como sempre, traz bravas conquistas. Samuel Pisar, prisioneiro em campos de concentração nazistas, salvou-se por persistir até o último instante: quando, na antessala da morte dos chuveiros de venenos químicos, Samuel viu um balde e uma escova no chão, ele se abaixou e começou a esfregar. E assim ele conseguiu escapar, pois pensaram que era o faxineiro. Perseverança pode ser tudo, e ele disse "Quando você chega ao fundo do poço, como eu cheguei, e dá um impulso para cima com todas as suas forças, às vezes consegue retornar à superfície e até ultrapassá-la".

O foco no objetivo ou fugir das distrações também confere poderes imensos aos guerreiros. Do livro de Herb Greenberg e Patrick Sweeney, *Succeed on your own terms*, para o qual fui entrevistado ao lado do maestro João Carlos Martins, deixo outros caminhos essenciais para a missão interminável da construção dos nossos guerreiros interiores e para a educação das pessoas as quais amamos:

1. Concentre-se no que você tem, não no que não tem (apenas cuidado com a lei do mínimo).
2. Jogue sempre como se estivesse disputando uma vaga na equipe.
3. Seja quem você é agora.
4. Busque alguma coisa que desperte seu total e absoluto interesse.

5. Não abra mão de suas origens.

6. Construa sua identidade.

7. Reaja com o coração ao enfrentar uma tragédia.

8. Compreenda seu passado para que possa criar o seu futuro.

9. Seja fiel às suas convicções.

10. Olhe-se no espelho e seja capaz de dizer: "Fiz a coisa certa".

11. Saiba o que você representa.

12. Às vezes é preciso desistir e começar de novo.

13. Não deixe que os outros o definam.

14. Reinvente-se.

15. Aceite seus próprios desafios.

16. Quando não aguentar mais o que está fazendo, dê um basta.

17. Desafie o *status quo*.

18. Admita quando cometer um erro e saiba reverter a situação.

19. Saiba reconhecer quando a sorte bater à sua porta e agarre a oportunidade.

20. Descubra alguma coisa que ninguém mais está fazendo e aproprie-se dela.

21. Desenvolva segurança em seu tom de voz.

22. Não deixe o passado para trás.

23. Saiba como se aposentar.

24. Seja assertivo.

25. Cerque-se das pessoas certas.

26. Acerte o seu relógio para o agora.

27. Não leve para o lado pessoal.

28. Não tenha medo de ser o primeiro.

29. Desafie as probabilidades.

30. Lembre-se: ter fé em poderosos fundamentos alavancam todo o resto.

Existem forças magnéticas em tudo e em todos. Faço das palavras do Prêmio Nobel da Física de 2010, o doutor Andre Geim, minha fé, digamos assim. Se existe o magnetismo em tudo e em todos, é possível exercer atrações e repulsões a partir do fundamento energético do pensamento. Logo, ficções científicas, como se tornar invisível e imperceptível para alguns e muito atraentes para outros, como lemos em obras como *A profecia celestina*, é da mesma forma possível nas explicações científicas dos *quantum*. Então, na construção dos nossos guerreiros, devemos creditar ao processo energético dos nossos pensamentos possíveis materializações e atrações no envoltório de nossa vida. Mas o fluxo involuntário, esse processo com ausência de dúvida nas forças de substâncias, menores partículas do universo, significa apenas um elo da corrente. Ou seja, é preciso ter fé no pensamento e na virtude e qualidade do pensamento. O próximo elo da construção do nosso guerreiro exige foco na escolha. Ou seja, há um fluxo involuntário no pensamento, mas ao seu lado, em paralelo, um fluxo voluntário é definido pelas escolhas. Dessa forma nos transformamos numa somatória de escolhas diárias, a cada hora, a cada minuto, e essas microescolhas conjugam grandes opções de forças. O próximo passo cria a pré-realidade. Significa ter fé na criação. Acreditar que você pode criar prepara e antecede a realidade concreta. Então, partimos de uma fé no pensamento como energia aglutinadora, para, em seguida, nosso desejo voluntário, nossas escolhas, e então a fé na força criadora. Podemos criar. Muito bem, mas não bastam essas três fases anteriores. Precisamos desenvolver meios para termos acesso a essa fé. Significa dominar meios, dominar ferramentas, dominar conhecimentos. Não serei músico sem dominar meu instrumento. Não serei cantor sem dominar minha voz. Ninguém será nem conseguirá materializar nada sem o domínio dos meios. E aqui surge algo importantíssimo na formação de um guerreiro: os meios serão sempre os meios, jamais os fins. Isso explica por que muitas pessoas que dominam extraordinariamente, por exemplo, a arte de ganhar dinheiro podem terminar afogados e dominados pelo meio, em vez de dominar o meio. Isso explica os vícios, as drogas e todas as forças que aprendemos a dominar como meios, mas que ao fim acabam nos escravizando. Precisamos, sim, dominar as ferramentas. Então alcançamos a consciência dos nossos "atos voluntários". Para o exercício da vida saudável do guerreiro, precisaremos sempre seguir na busca do equilíbrio entre corpo, mente e alma. Sem a saúde, debilitamos a força do corpo; sem o espírito e a alma, perdemos sentidos e valores superiores. Esse equilíbrio é substancial e fundamental. Entramos no meio da sabedoria. Vamos ter a ética como guardiã das nossas estratégias competitivas. Jamais vamos tirar dos outros, pois essa fórmula de vitória é enganosa e trará, sempre, no tempo, seus efeitos deletérios, suas desgraças no refluxo da maré das conquistas feitas sem ética. É preciso competir e cooperar, e jamais crescer tirando dos outros. A essa altura, já temos a fé de que o milagre vive dentro de cada um de nós, e nossos fluxos voluntários, escolhas e crenças os determinam. Eureka! Milagre existe. Só depende de nós.

CAPÍTULO 16

O DESCANSO DO GUERREIRO

"Que legal tudo isso, Tejon, mas como posso começar agora? Como iniciar essa jornada em busca do meu guerreiro, o qual, concordo, não nasceu pronto e não está pronto, embora eu deseje com toda a intensidade aprimorar, evoluir e ficar preparado para os enfrentamentos, os incômodos e os embates, e tudo isso sob o domínio do mais poderoso amor?"

A minha resposta a você, estimada leitora, querido leitor, venha você de onde vier, esteja sendo o que for, não importa se menina, menino, criança, jovem, adulto ou da geração saudável que já ultrapassou os 100 anos, para poder começar do zero, começar de novo ou simplesmente começar, é:

AGRADEÇA. Se você recobrar a fé no agradecimento, abrirá acesso às mais poderosas energias do viver. O começo dessa complexidade toda é muito simples: fé no agradecimento.

Vejo a jovem jornalista júnior reclamando e brigando na redação da nossa rádio. Não são brigas de valia, são ranhetices e desaforos. Ataca o mundo com pedras, e chora toda semana pelas pedradas que recebe de volta. Curioso, procurei saber um pouco da moça. No primeiro estágio que teve, brigou e saiu demitida. No segundo estágio brigou e saiu demitida. Agora, no primeiro emprego fixo como júnior, briga e sairá demitida. A moça é bem formada, tem talentos, é bonita. O que ocorre, porém, com essa jovem jornalista júnior para desde tão cedo destruir sua carreira e seu futuro? Não sabe agradecer. Não sabe começar pelo agradecimento. Acredita ser credora do mundo, portanto o mundo deveria fazer todas as reverências e agradecimentos para ela.

Sinceramente, se você leu este livro até aqui e ainda pergunta: "Mas, Tejon, como eu começo?", comece do zero: agradeça. Essa moça já passou por duas ótimas organizações jornalísticas antes de chegar aqui. Chegou aqui, tem apenas 24 anos e está numa terceira ótima empresa líder do seu ramo da informação. E ela segue desdenhando. Menina, comece agradecendo. Não significa de maneira nenhuma ato de submissão ou de auto-humilhação. Significa, ao contrário, ato de evolução, ascensão e contato com forças, atração e ajudas elevadas.

Você poderia ainda dizer: "Puxa, mas essa moça não tem noção, está num ótimo lugar e não o valoriza. E o meu caso, que estou num lugar horroroso?". Verdade? Todos iremos viver momentos em lugares horrorosos ou paradisíacos. O que fazemos com esses momentos é tudo. Um fato marcante com o qual não concordamos por questão de valores, mesmo numa grande organização, significa também agradecimento. Pois você agradece pela decisão que vai tomar, a de não continuar ali. Saí de empresas enormes, onde aprendi quase tudo, mas saí quando os valores foram tocados, e a perda da confiança estabelecida. Não por um chefe, ou um par, mas pelo maior, pelo presidente, pelo número 1 da companhia. E como agradeço isso até hoje. Fez-me decidir e progredir na vida. Agradecer significa, sempre, uma ideia muito simples, fácil, em que você precisa apenas acreditar nesse poder. Ou seja, tudo começa com a fé, a ciência vem depois, estuda, raciocina e explica.

Muito obrigado por tudo, pelo que me parece adorável e delicioso e pelo que não me parece assim.

Agradeço a seus olhos, que me leram, sua voz, que exclama, suas mãos, que me tocaram, sua respiração, a qual consigo sentir. Agradeço pela experiência que a vida me permite ter. Agradeço pelo que posso vir a ser, e isso só depende de mim.

E viva a alegria. Trabalhe com a intensidade e a paixão do artífice. Estude com a curiosidade insaciável da pura criança e divirta-se, ria, com muita alegria. "A alegria não está nas coisas, está em nós", registrou Goethe. "Tudo no mundo é loucura", dizia Frederico o Grande. E Chico Xavier finalizou: "Um dos maiores pecados do mundo é diminuir a alegria dos outros".

A única coisa que me interessa agora é a sua vitória. Conquiste-a, e um novo incômodo surgirá. Mais uma convocação, outro desafio para continuar aprendendo mais e mais. Até que um dia, em algum dia, estaremos prontos para parar. Parar? Sim, neste andar dos estágios evolutivos da alma, e então poderemos saltar. "Salta, filho", "Salta, filha", e um dia nos encontraremos, sem dúvida, num ponto inexato de um desses infinitos próximos, muito próximos, e que seja agora, pois tudo é uma questão de tempo, ou de como cada um de nós mede o tempo. O seu tempo.

"Salta, filho!", e eu saltei. Obrigado, meu pai.

"Presta atenção nas batatas!" E eu prestei. Obrigado, minha mãe.

Guerreiros não nascem prontos. Eu sei. Você sabe. Aprendemos juntos. Obrigado, leitora e leitor.

CAPÍTULO 17

O PODER DO INCÔMODO

"Cada possibilidade nova que tem a existência, até a menos provável, transforma a existência inteira."
— MILAN KUNDERA

A velocidade dos tempos atuais nos incomoda. Assim como incomodou Milan Kundera, autor de *A insustentável leveza do ser*. Ele também escreveu um pequeno livro ao qual chamou de *Lentidão* que é uma verdadeira pérola. Como ando muito veloz, meu filho me deu um exemplar do livro de presente. Segundo Kundera, o incômodo num mundo onde precisamos ser velozes parece só desaparecer quando conseguimos ser intensos, e acrescenta: "O grau da lentidão é diretamente proporcional à intensidade da memória. E o grau da velocidade é diretamente proporcional à intensidade do esquecimento". Confesso que isso me incomodou muito, e penso nesta equação-síntese da nossa vida hoje: a conciliação do veloz que se esquece do instante passado e o profundo que se apega à contemplação lenta e suave de cada instante.

"O que incomoda acorda". O despertador tocou... incomodou, acordou. O incômodo não nos acomoda.

No dicionário, os sinônimos de incômodo são: desagradável, desconfortável, embaraçoso, constrangedor. O termo também está ligado à alteração na saúde, mal-estar, indisposição. No passado diziam os antigos que uma mulher no período de menstruação estava "incomodada".

Mas prefiro ficar com uma definição bem simples da palavra: incômodo é o que é capaz de incomodar! E quando os sinônimos não nos explicam, vale buscar um antônimo; cômodo, nesse caso. E a comodidade e a própria história do imperador romano Comodus, um despreparado para a função, já me estimulam intensamente a amar o conceito de incômodo.

Um amigo me disse: "Amor incomoda porque é igual a relógio de corda. Precisa dar corda todo dia, incomoda. Já paixão é como relógio de pilha: não precisa dar corda todo dia, mas, quando termina, jogue fora, pois não vale o preço da bateria".

Desde os pequenos incômodos, como o zumbir do mosquito, a mosca que caiu na sopa, como Raul Seixas cantou, os quais chamo de **incômodos-mosca**, passando por incômodos que criamos por falsas percepções da realidade e de si mesmo, como manias, cismas, preconceitos e falsos problemas a partir de perigosas generalizações, como: "Ninguém gosta de mim", "Ninguém me ama", "Vivo perseguido", "Sou uma vítima do mundo, do sistema", "Oh vida, oh azar" – como o personagem Hardy, a hiena do desenho animado *Lippy e Hardy* –, os quais chamo de **incômodos coitadinhos**. E, logicamente, até os grandes e megaincômodos, divididos em dois tipos: os incômodos causados por forças destruidoras, originados de acidentes da natureza, da fragilidade física, das crises e dos colapsos da sociedade, como dores, sofrimentos, traumas, ferimentos, mortes, os quais batizo de **incômodos entrópicos**, e os incômodos gerados pela curiosidade e pela criatividade, motivados pela vontade criadora e preventiva dos seres humanos na busca de soluções ou mesmo dos efeitos *serendipty* comentados neste livro, os quais batizo de **incômodos sintrópicos**. Os entrópicos, também podemos chamar de incômodos-apocalipse, e os sintrópicos, de incômodos divinos.

Temos então quatro tipos clássicos de incômodo. E, atenção, todos eles são os que impulsionam e definem nossa vida.

Precisamos compreender a nós mesmos e nos olharmos sob o ponto de vista desse quarteto poderoso incomodador e definidor de nossa vida.

"Quarteto, Tejon, ou seria um quinteto?" Qual o quinto incômodo perturbador e que pode dirigir nossa vida para o bem ou o mal? E aí vem outra resposta fulminante: os incômodos das ilusões! E o que seriam eles? São aqueles frutos da nossa imaginação. Eles não estão na categoria dos pequenos, moscas, nem dos preconceitos sobre si mesmo, os coitadinhos, e também não nascem das forças da destruição que nos cercam e muito menos dos sintrópicos criadores e criativos de soluções humanas. Os incômodos das ilusões são as tenebrosas confusões entre sonho *versus* ilusão.

Vamos pegar como exemplo o caso de Rose, uma jovem que se considerava "a eleita". Ela vivia um amor impossível com Antônio, um homem já poderoso, rico e influente casado com uma bela esposa, de família de altíssima renda, mas Rose acreditava ter sido eleita, por poderes e forças superiores, para ser a única mulher, a única pessoa, que levaria Antônio ao ponto mais elevado do mundo. E, enquanto isso não acontecesse, ela jamais viveria satisfeita. Dessa forma, Rose era movida por uma ficção, uma alucinação, uma loucura ao acreditar ser a eleita para proporcionar àquele homem a quem tanto amava o bem maior da vida. O fim dessa história é possível de imaginar. Trágico e tétrico, talvez envolvendo o suicídio de Rose.

Os incômodos das ilusões são os mesmos que fazem com que a ambição, a vaidade, a luxúria, ou mesmo a idolatria, nos levem ao enfrentamento dessas miragens, que nos incomodam profunda e pertinazmente, no caminho da solução delas pelos equívocos das piores escolhas estratégicas, e nos unindo a outras pessoas, possuidoras dos mesmos males ilusórios comuns. O incômodo ilusório pode ser também causado pela opressão errônea ou obcecada de terceiros sobre uma pessoa. Um exemplo: pais que oprimem um filho para ser médico e o obrigam a prestar vestibular de medicina, mesmo totalmente contra seu dom ou sua vocação. A opressão de terceiros pode significar uma tortura cuja libertação exigiria se livrar desses relacionamentos.

Ao sermos tomados por poderosos incômodos imaginários, precisamos fazer o teste de cair na real. Precisamos pedir ajuda e, sem sombra de dúvida, recorrer a especialistas nos campos da psiquiatria, psicologia, psicanálise, logoterapia etc. O incômodo das ilusões causa desgraças gigantescas a pessoas, organizações e até mesmo sociedades inteiras. No livro *A marcha da insensatez*, de Barbara Tuchman (Edições BestBolso), você pode encontrar relatos históricos tenebrosos tomados por falsos incômodos das ilusões. O primeiro deles, segundo a historiadora, se passaria em Troia, quando a cidade estava sitiada pelos gregos. Estes, então, criaram uma poderosa armadilha: ofereceram como presente um grande cavalo de madeira, que deveria ser aceito dentro das muralhas de Troia; com o presente, propunham um falso acordo de paz. Troianos iludidos pelo poderoso incômodo do presente decidiram abrir os portões e trazer o cavalo para dentro da cidade; outros troianos também incomodados – porém sem a ilusão de se tratar de um presente, e sim de uma armadilha – fizeram oposição aos que queriam aceitar o famoso cavalo de

Troia, mas os últimos foram mortos pelos primeiros, e o incômodo ilusório do presente de paz venceu. E a história todos sabemos: do interior da barriga do grande cavalo, soldados saíram, dominaram os portões e os abriram para a invasão do exército grego, que já aguardava o momento preparado para o ataque destruidor. Esse incômodo, que chamo de incômodo de Troia, para significar aqueles que nos carregam para a insensatez. Pois nem toda imaginação, e cada uma delas incomoda, serve para o grande erro. Separar sonhos de ilusões, essa, sim, é uma arte fundamental, distinguindo a imaginação de o homem voar, de Leonardo da Vinci, daquela do alfaiate que costurou uma capa imensa e saltou da torre Eiffel, com um triste fim ao morrer na queda.

Todos podemos viver incômodos de Troia – eu mesmo, quando jovem, nos anos 1960, era o próprio contestador: me sentia um revolucionário. A palavra guerrilheiro para mim significava um herói, um ser nobre, uma alma superior. A guerrilha e os guerrilheiros eram os novos cavaleiros andantes, eram os Robin Hoods daqueles tempos. Românticos. Assim eu também vivia, incomodado por essa imagem. Quase vim a ser guerrilheiro. Fui salvo por outros incômodos mais próximos, no campo da sintropia. Mas olhe ao redor e verá quantos se alistam em facções terroristas, em jogos da morte, em associações secretas, com total convicção desse chamamento... dessa convocação!

Esse, vou batizar de **incômodo-murro-em-ponta-de-faca**, em homenagem ao título do livro do meu amigo Roberto Shinyashiki, *Pare de dar murro em ponta de faca* (Editora Gente). Nele, Roberto pede: pare de repetir a mesma maneira com a qual reage ao que incomoda, sempre escolhendo a forma errada. Então, aí está o incômodo-murro-em-ponta-de-faca – são grandes erros cometidos por uma teimosia quase alucinatória. Cuidado com os opressores externos que também podem nos conduzir a isso.

Então, para estimular você a olhar para si mesmo, lá vou eu me oferecendo ao laboratório provocador, para, sim, incomodar você, nos melhores e justos sentidos:

Incômodos-mosca: pequeninos e desprezíveis incômodos que, se deixarmos, tomam proporções gigantescas, e assim podemos viver como Dom Quixote lutando contra moinhos de ventos, acreditando serem gigantes e poderosos inimigos. Proponho pensar então num incômodo-mosca nosso, para o identificar e apagar da nossa mente, pois significa distração e ruído inútil aos nossos sensores cerebrais. Eu tive vários incômodos-mosca. Aqui vão três exemplos.

Tinha o incômodo-mosca de temer o escuro. Achava que o escuro era horroroso e que ali, por não haver claridade, eram criados monstros e minha vida corria riscos imensos, apenas por ser escuro. Uma belíssima tolice que foi expulsa da minha cabeça pela providência de meu pai amado, meu pai adotivo, Antônio, que passava horas ao meu lado no escuro, depois acendia a luz, provando que o que havia ali era a mesma coisa que tinha na luz, a única diferença estava na falta da claridade. Parei de ter medo do escuro e aprendi a ter sempre uma lanterna à mão, em casa e no carro, para momentos de falta de luz.

Outro incômodo-mosca era amarrar sapatos. Eu não sabia amarrar sapatos, e isso me angustiava muito. Eu ficava pensando: o que vou fazer se o laço do meu sapato, que era dado pela minha mãe, abrir? E se me mandarem tirar o sapato? Vivia angustiado com essa coisa tola de não saber dar o laço no cadarço. Um dia minha mãe parou de fazer isso e me obrigou a aprender. Fiz e me esqueci daquele incômodo, que foi muito útil para me pôr em contato com as coisas que eu mesmo precisaria enfrentar. Mas vamos pensar em coisas mais adultas, os incômodos-mosca adultos – por exemplo, o fato de eu ficar muito irritado com a fila do banco, ou do check-in do voo em que estou, e sempre achar que a outra vai mais rápido. Típico incômodo-mosca que não leva a nada, pois a pior coisa que fazemos é mudar de fila e imediatamente constatar que aquela em que estávamos andava mais rápido do que a nova, para onde acabamos de mudar.

Até Pelé, o Rei do Futebol, por pouco não foi vítima de um incômodo-mosca. Vaiado num jogo por perder um pênalti no comecinho de sua carreira no Santos, ele decide não ser mais jogador de futebol. Arruma as malas e numa manhã sai fugindo do campo do time, por uma de suas portas. Porém, eis que se dá uma bendita providência divina: nesse instante, surge Sabuzinho, o filho da cozinheira, que o vê partindo e o impede. E Pelé hoje diz: "Se não fosse o Sabuzinho, eu talvez nunca tivesse sido o Pelé". E tudo por causa de um incômodo-mosca – vaias e xingamentos, algo comum para um jogador de futebol.

Explodir incômodos tolos é um bom início. Escolha três seus e identifique-os; comece por alguns do passado que já não fazem mais parte dos seus incômodos e localize algum contemporâneo, como: "Continuo me incomodando com a mudança nos portões de embarque nos aeroportos".

Incômodos coitadinhos: ah, esses são poderosíssimos. E, sim, precisamos identificá-los para compreender, tratar e crescer com o abandono desses incômodos. De novo aqui vou eu.

Já vivi o incômodo coitadinho acreditando, por exemplo, que nenhuma moça se apaixonaria por mim. Eu achava que não teria namoradas e que jamais me casaria, teria família e filhos. Era um pobre coitadinho e vítima. Tratava-se de um incômodo que habitava minha mente, um autopreconceito. Eu o enfrentei sem querer, a partir da música, da arte, da criação, e ia sentindo que a admiração das pessoas existia e que, mesmo as moças, as quais imaginava que jamais seriam sequer minhas amigas, pelo contrário se transformavam em amigas imensas, e descobri que esse sentimento de coitadinho sobre mim mesmo não passava de uma miragem defeituosa amplificada pela minha mente, a partir de outro megaincômodo – esse, sim, o entrópico, o incômodo-apocalipse – da queimadura na face aos 4 anos de idade, como já relatei em *O voo do cisne* (Editora Gente) e neste livro, no capítulo 14. Explodir incômodos coitadinhos abre portais para seguirmos, agora, sim, numa grande jornada para a vitória da nossa vida, os três incômodos seguintes.

Incômodos entrópicos (ou incômodos-apocalipse): esses são fortes, pois são causados por ambientes e forças da destruição. Sejam eles acidentes catastróficos, tsunamis, furacões, terremotos; sejam eles incômodos das crises, dos colapsos da sociedade, falências, perseguições; sejam, ainda, os incômodos da nossa fragilidade humana, doenças, mortes, alterações genéticas e celulares. Esses grandes e reais incômodos podem ser os que depois nos fazem um enorme bem, nos alçando a voos inimagináveis. Como Viktor Frankl, filósofo e psiquiatra, que, tendo passado a Segunda Guerra Mundial em campos de concentração, ao sair se transformou num dos maiores especialistas humanos na arte da superação, criando a logoterapia, na qual afirma: "O ser humano que tiver um propósito, um sentido pelo qual valha a pena viver, vai superar quase todos os 'como viver'". E, assim como esse, vários casos revelados neste livro.

O incômodo que vim a ser para os meus pais adotivos, Rosa e Antônio, foi impensável. Porém, foi a partir desse grande incômodo-apocalipse para eles, a lata de cera derretida na minha face aos 4 anos de idade, que realizaram o que jamais na vida poderiam um dia pensar: transformar esse filho num guerreiro e nunca numa vítima.

Incômodos sintrópicos (ou incômodos divinos): esses são os nobres. Albert Einstein estudando visualiza, por estar incomodado com as respostas da ciência até então, algo novo e propõe a teoria da relatividade, que levou anos para ser comprovada e aceita. Monteiro Lobato, incomodado com o imaginário infantojuvenil, cria o seu *Sítio do Picapau Amarelo*. Maurício, incomodado com as peripécias de sua filha, se inspira e cria a Mônica, e com ela todos os gibis do Estúdio Mauricio de Sousa.

Incomodado com a crise do petróleo nos anos 1970, Bautista Vidal se transforma no guerreiro do Pró-Álcool brasileiro. Incomodado com as terras fracas brasileiras, onde nada se poderia plantar, Cirne Lima, então ministro da Agricultura, cria a Embrapa, o que tira o Brasil da condição de importador de alimentos e o coloca como o principal agente da segurança alimentar do planeta.

Incômodos-murro-em-ponta-de-faca: esses são fundamentados nas forças ilusórias. A pessoa poderia ser uma ótima produtora musical, mas, sem chegar perto de ser um virtuoso, teima em querer ser um João Carlos Martins, o melhor intérprete de Bach do século XX, e teima numa persistência irreal. A pessoa é ótima vendedora, mas toda vez em que é promovida para gerente comete os mesmos erros de arrogância, altivez, pois se acredita humanamente superior a todos os demais, numa visão ilusória e falsa de si mesma. E assim se repete, e desse modo a maneira com a qual responde aos incômodos de sucesso e de busca de êxtase se revela sempre frustrante. E onde está o pecado capital dessa pessoa? Na própria maneira com a qual aquilo que a incomoda se origina: numa grandiosa imagem de si mesma, num espelho disforme onde caberiam centenas de narcisos. Cuidado especial com a opressão alheia que pode obrigar um ser humano a querer vir a ser aquilo que não nasceu pra ser. Pais , herdeiros, chefes, muito cuidado com isso. Sem querer, e muitas vezes bem intencionados, levam outra pessoa a "dar murro em ponta de faca" repetidamente. Libertar-se da opressão é a saída ascensional para essa pessoa.

Assim, seja qual for o seu incômodo, nenhum deles nos acomoda, e saltar para novas camadas representa a nobre arte de evoluir com velocidade no curtíssimo espaço de tempo de apenas uma vida na Terra.

Até não fazer nada incomoda. Logo ficamos tomados pela monotonia. A preguiça pode incomodar muito àqueles que convivem conosco, mas também incomoda muito ao próprio preguiçoso. Por quê? Simples: ao final, não importa o nível desse preguiçoso, que nada quer fazer, muito menos trabalhar, ele vai querer receber e ter, da mesma forma como os que recebem pela meritocracia. Aí, então, explodirá algo incomodante e perturbador. O não ter. Ah, mas e se esse preguiçoso quiser apenas *ser*, e não está nem aí com *ter*? Nada será da mesma forma. É impossível *ser* para aquele que não extrai de suas entranhas um valor. Logo, sofrerá dos incômodos de não ser e de não vir a ser. Talvez a forma com a qual possa resolver esse incômodo, se não se transformar e saltar de patamar, seja a resignação, caindo então na faixa do incômodo coitadinho.

A dor incomoda. Mas, se não sentíssemos dor, não buscaríamos a solução para ela. Logo, a dor é um santo incômodo, pois nos acorda para atitudes que visam à cura da dor. "Ah, Tejon, mas o ideal seria não sentir dores." Também acho, então vamos falar dos santos incômodos, os divinos, os sintrópicos. Aquilo que nos acorda para nossa evolução material, mental, espiritual.

Exemplos de incômodos divinos:
Bia era uma jovem bela e plena de sonhos. Apaixonou-se por um rapaz. E, ao começar, toda paixão é um delicioso incômodo. Ainda no início dos seus estudos, estava confusa com a profissão a seguir. A dúvida, outro brutal incômodo. Mas, tomada pelo foco e pelo fogo da paixão, acabou tendo sucessivamente duas crianças com esse rapaz. Duas crianças, para uma jovem solteira e ainda dependente dos pais para viver, poderíamos chamar de um excelente incômodo. Dessa forma, a jovem Bia foi exposta a diversas situações, sobre as quais qualquer um de nós diria: "Nossa, que situação, que incômodo!".

Então vamos espremer esse exemplo e concluir: jovem, bela, indecisa com os estudos, ainda sem trabalho, sem uma carreira, com dois filhos, solteira, dependente e carregando uma grande frustração amorosa.

E o que fez a Bia? Todo incômodo ou nos ergue, levanta e faz crescer, ou nos deixa arrasados, caídos e nos faz descer. Para a Bia, essa sucessão de fortíssimos incômodos na juventude a fez evoluir e crescer de maneira sensacional. As duas crianças se transformaram em um sentido e um propósito pelo qual valeria a pena viver. Representaram, também, uma consciência na necessidade de agora, como mãe, dar exemplo, definir seus estudos, lutar por uma profissão, uma carreira, e assegurar para seus filhos boas condições de vida, escola, alimentos, saúde. A Bia hoje é uma enfermeira com nível universitário e faz pós-graduação, é apaixonada por sua vida e fez dos seus incômodos os degraus de sua ascensão. Ela é um exemplo vivo e real de uma brilhante superação.

Geralmente associamos superações com grandes viradas que damos na vida após algo trágico, traumático. Meu próprio exemplo é considerado um caso de sucesso, de superação, a partir da minha história.

E por que admiramos esses exemplos? Não canso de relembrar a maravilhosa dona Jô, da Apae; meu amigo do coração, o querido maestro João Carlos Martins; meu amado mestre Marcos Cobra, o maior autor de marketing do Brasil que tanto me inspirou e me inspira; Joseval Peixoto, gênio do jornalismo e uma referência para mim; celebridades como Ronnie Von, um *gentleman* genial e bravo guerreiro; o mestre das tintas esparramadas, o artista plástico Ed Ribeiro; a mãe Kirley com seu menino João Gabriel, em Uberlândia, com paralisia cerebral; a jovem Tamara Angel, que a partir dos sofrimentos do bullying em redes sociais da sua infância se tornou uma artista adorada pelo público teen e gravou minha música "Limites", e tantos outros casos fantásticos, nos quais a superação nasceu de um brutal e gigantesco incômodo e foi transformada num show exemplar da vitória humana, acima de todo e qualquer destino.

Todos os incômodos do mundo.

Porém, o poder do incômodo está sempre presente na vida de todo ser humano. Se você prestar atenção, mesmo nos momentos mais felizes, alegres, algo nos incomoda. Numa festa de aniversário com amigos queridos, sinto o incômodo da falta de grandes amores da minha vida já falecidos. Meus pais, tios adotivos. Penso em como meu pai biológico, ignorado, se arrependeria de não ter me conhecido se pudesse ver no que me transformei. Sinto uma saudade enorme da minha mãe biológica, de quem não me recordo fisicamente, apenas por fotos e histórias contadas por outros. Essas lembranças não são incômodos considerados ruins ou desagradáveis. Não, eles incomodam pelo amor, pela felicidade. E espero que você, leitora e leitor, abra a mente para passar a prestar atenção em todos os seus incômodos, pois ali existem as grandes forças para a sua transformação, seu sucesso.

"Mas, Tejon, devo ficar procurando incômodos, então, para ser feliz?" Nunca. E aí reside o lado tenebroso do viver. A vida, por sua natural forma de existir, já nos oferece provocações constantes e permanentes, a todo tempo. Já na concepção, nos obrigando a transformações e mudanças sequentes, e isso não para nunca, até o último dos últimos instantes, num derradeiro suspiro, o qual, até esse para ser soprado, de alguma forma ainda incomodará o pulmão para se mexer e esse arzinho expelir e suspirar.

O oposto ao nobre uso do poder do incômodo está em duas vias. A **primeira** é a fuga da vida, ou através de vãs tentativas de estar vivendo na Terra, mas não aceitar e ficar procurando outro mundo que pode estar em outro lugar, mas com certeza aqui não o encontrará. Representa isso irmos em busca de distrações da nossa percepção, para criarmos um reino de utopias e fantasias e mergulharmos dentro dele. Mas mesmo nessa via estaremos incomodados por provar nossas visões, conquistar pessoas que sigam a mesma estrada, e nossos incômodos serão aqueles originados da visão das fantasias, que logo deixam de ser ilusões, pois viram realidade. Mas qual diferença existe nessa via, que chamo de ilusória? Os incômodos ilusórios nos afastam do real e verdadeiro aprendizado da vida terrena. Abordei isso em outro livro, *O beijo na realidade* (Editora Gente), no qual escrevo: "A diferença entre sonho e ilusão está no fato de que o sonho é um desejo veemente, e ilusão, o engano do sentido e da mente. Sonho é o que fazemos com a realidade enquanto sonhamos, e ilusão é o que a realidade faz conosco enquanto nos iludimos".

Seria como se vivêssemos uma vida postiça, em que o falso vira a realidade e os incômodos existentes ali nos servissem não para o aprimoramento, mas para um distanciamento cada vez maior. Para mim, significa vida jogada fora.

Os incômodos que nos fazem olhar para os voos da alma são de fundamental importância nas descobertas e nos compromissos mais terrenos. Quando fui ao Armageddon, Tel Megiddo, em Israel, onde escrevi *O código da superação* (Editora Gente), me permiti conversar comigo mesmo, tendo ao meu lado o cenário de um lugar com 7 mil anos de história, que foi destruído e reconstruído 27 vezes, e onde João escreveu o livro do Apocalipse. Ali também compreendi a fúria divina de preferir os frios e os quentes e de expelir os mornos como vômito de sua boca. Ali conversei com as pedras, as únicas que superaram o tempo, e ali pude amadurecer a certeza de que um dia somente a paz poderá prevalecer. Mas para alcançarmos tudo isso é preciso ser travada uma gigantesca luta, e que, como guerreiros que somos, não nascemos prontos. Aqui estamos para a luta. A luta que vale a pena ser lutada, pela autodignidade e pela dignidade para todos.

A **segunda via**, que objetiva solucionar incômodos, são as que nos afastam definitivamente do êxito. Essa via, de consequências entrópicas e destruidoras está no vício: ele anestesia o cérebro, nos distrai e nos rouba a percepção da realidade, como o vício das drogas e do alcoolismo. Ele nos transporta ao irreal das tempestades alucinantes. E, ao sermos vencidos pelo vício, por não podermos mais viver sem a fuga do enfrentamento das realidades e nos conduzirmos como alucinados drogados, perdemos o poder sobre nós mesmos. A fuga nas drogas nos faz crer que, até para sermos criativos, especiais e trabalharmos melhor, dependemos desse mecanismo químico que atiça áreas surpreendentes do cérebro. Logo em seguida a esse domínio passamos a ser comandados por outro incômodo, que nos leva a um encadeamento destruidor da nossa possibilidade de luta legítima na Terra. O novo incômodo que a fuga do mundo nos impõe então será o de continuar fugindo, e isso tudo tem um preço material, de aquisição de alucinógenos, de destruição da saúde e de desgraças aos seres com quem vivemos. E a partir daí criamos gigantescos incômodos para quem nos cerca, envolvendo despesas de cura e sofrimentos consideráveis.

Os incômodos são os evidentes sinais com os quais o mundo e suas realidades se comunicam conosco. A forma com as quais enfrentamos as causas dos incômodos e como as resolvemos, as soluções trabalhadas, fará toda a diferença para uma vida sintrópica, ascensional divina ou ao seu contrário, entrópica e decadente apocalíptica.

A alma humana deseja progredir; ninguém nasceu para ser infeliz como pressuposto. Vamos buscar uma vida material boa, conforto. O que não temos e gostaríamos de ter representa um dos exemplos dos incômodos. Você vê na sociedade pessoas com casas, carros, sítios, viagens, carreiras que admira. Então isso o incomoda positivamente, e você também quer obter isso. Aí está instalado o incômodo. Agora, a forma de solucionar fará a diferença para você entrar num ciclo criador positivo, uma roda viva aspiracional ascendente ou um ciclo destruidor negativo, uma roda morta decadente.

Solucionar incômodos de poder, aquisição de bens, fama, obtenção de sucesso, proeminência na sociedade, riqueza, com os meios do crime, do roubo, das fraudes, da violência, do engano, da traição, em função da inexorável lei de causa e efeito, arremessará essa pessoa numa roda nefasta e morta na qual o aparente sucesso ilude e engana e termina por condená-la ao autoextermínio do autoengano.

E de onde costuma surgir o seu carrasco, o seu algoz, o seu maior inimigo? Do lado de dentro, do interior das organizações criminosas, ou mesmo dos acordos realizados entre grupos para prevalecerem injustamente sobre outros. Quer dizer, quando o jogo não é jogado nas regras olímpicas, os que se desviam desse hábito terminam, num ciclo de tempo, destruídos pelas próprias armadilhas criadas. E agora, com tecnologia abundante, o ciclo de vida malévolo diminui consideravelmente o seu tempo de vida útil.

Logo, fique de olho na origem do que o incomoda e preste atenção na inteligência com a qual você vai responder ao mundo.

Quero incomodar você positivamente

O incômodo tem poderes decisivos na história da humanidade. O incômodo por ganhar guerras nos fez desenhar e criar armas cada vez mais poderosas. A bomba atômica decidiu a guerra com o Japão. Logo em seguida nos trouxe outro gigantesco incômodo, a marca das vítimas de Hiroshima e Nagasaki e suas dores que nos afligiriam para sempre. E temos então o incômodo da possibilidade de guerras nucleares, indo até a destruição do planeta. Esse fato cria organizações, consciência e lutas pela não proliferação de armas nucleares e gera pessoas com um nobre sentido pelo qual vale a pena viver: o desarmamento das ogivas nucleares.

O mundo caminha para 10 bilhões de pessoas nos próximos quarenta anos. Quatro nascimentos a cada segundo, e vem aí um grande incômodo. Onde morar e como oferecer saúde, alimentos, empregos, mobilidade e qualidade de vida para todos? O reconhecimento desse incômodo gera soluções na ciência, tecnologia, agropecuária, regras éticas do capitalismo consciente, empreendedorismo e cooperativismo.

Logo, grandes incômodos, grandes mudanças. E grandes incômodos, grandes seres humanos.

Coisas que uma vez inventadas jamais serão "desinventadas". Todas surgidas de incômodos. Como levar coisas consigo? O homem cria a mala. Mas e o incômodo de carregar a mala? Cria a alça. Imaginem malas sem alça! Mas fica pesado levar com alça, um incômodo. Cria as rodinhas.

As sementes geneticamente modificadas livram os produtores da lagarta Helicoverpa. E isso pode acomodar. Logo vem outro incômodo, as lagartas criam resistência. Dessa forma é preciso criar áreas de refúgio nas lavouras, onde não se plantam sementes geneticamente modificadas. Há uma roda-viva de incômodos interminável.

O *incômodo* é genial na nossa vida... Tudo o que nos incomoda não nos acomoda... e a não acomodação é tudo na transformação da vida.

Gosto muito do incômodo, por considerar o cômodo traiçoeiro, maquiavélico, anestesiante e um ardiloso engano para aquele que nele se permite deitar e adormecer.

Meus pais adotivos me ensinaram 11 máximas do viver, 11 poderes que me incomodaram ao longo de toda a vida e que com certeza me trouxeram até aqui. São elas:

1. O trabalho é digno, não importa qual seja. Trabalhe sempre, e isso o protegerá.
2. Nunca peça dinheiro a ninguém. Pedir um prato de comida, um abrigo, faz parte da digna justiça humana, mas nunca peça dinheiro. Ofereça um trabalho, não aprenda a pedir.
3. Jamais roube o que é do outro. Seja honesto.
4. Seja corajoso, não tenha medo do mundo e de ninguém, mas não seja metido a valente. Os valentes ficam arrogantes e sempre encontrarão alguém mais valente que eles. Coragem, sim, valentia, não.
5. Estude, filho, estude e estude. O estudo é a melhor coisa do mundo. E admire as melhores pessoas onde quer que você esteja.
6. A beleza de um homem será a grandeza do seu caráter. Não se preocupe com a queimadura do seu rosto, filho, e sim com o seu caráter.
7. A sua palavra é o maior contrato do mundo, palavra dada, filho, palavra cumprida.
8. Trate a todas as pessoas muito bem. Não exclua pessoas malvestidas, pobres, humildes. Trate a todos bem, nunca se assuste com aquilo que a você parece diferente.
9. Seja educado, filho, não se esqueça de dar lugar no ônibus aos mais velhos, respeite seus professores, cumprimente, agradeça, e não se esqueça das palavras que abrem todas as palavras: por favor e obrigado.
10. Não deva nada a ninguém, filho. Não faça dívidas se não as puder honrar. E sua liberdade será sua independência financeira.
11. "Sua mãe adotiva ama você imensamente, filho", me dizia meu pai, "jamais se esqueça disso na vida e nunca a magoe".

E, dentre todos os 11 incômodos poderosos que me acompanharam desde a pequena infância, este último, a frase secreta que meu pai adotivo me dizia, o amor de minha mãe adotiva por mim, me fez decidir acima de centenas de tentações de desvio de conduta, pois na hora das escolhas uma voz berrava dentro de mim: "Isso vai magoar muito sua mãe... Você vai fazer?". Então prevalecia dentro de mim um comando superior, o do amor de uma mãe adotiva, o qual não poderia ser maculado...

"Puxa vida", vocês diriam, "que sorte, Tejon, ter tido uma família adotiva como essa, não?".

Com certeza... sorte existe.

Então, o poder do incômodo não está naquilo que costumamos associar com as dores, os traumas, os sofrimentos. O poder do incômodo está na descoberta de algo que nossa curiosidade chama, está nos valores de caráter da nossa criação, está nos avanços da ciência, no conhecimento que nos obriga ao movimento.

O poder do incômodo está em tudo e não permite a acomodação.

Hoje a cada sete anos ficamos obsoletos. Precisamos de um começar de novo, não importa o campo profissional no qual atuamos. Incômodo.

Hoje as gerações são diferentes dos tempos antigos e já nascem mediáticas e "imediáticas". Incômodo.

Hoje não temos mais aquelas ideias do mesmo emprego eterno e da aposentadoria aos 60 anos, pois vamos viver mais de 100. Incômodo.

Hoje não conseguimos nada sozinhos. Estamos condenados à cooperação. Fazer só nos faz ir rápido, mas juntos nos assegura irmos longe. Incômodo.

Hoje conhecemos vários amores e precisamos aprender a nos apaixonarmos e desapaixonarmos com elegância. Incômodo.

Hoje somos bombardeados por múltiplas e diferentes visões de mundo, ficamos confusos e podemos perecer se a distração vencer a concentração. Incômodo.

São imensos os incômodos. E quanto maiores eles nos surgem, quanto mais incomodantes eles se apresentam, e quanto mais se tratar de incômodos verdadeiros, e não de ilusões dos sentidos e da mente, mais nascerá desses incômodos a grandeza da pessoa, a construção do caráter e da personalidade.

E, ao construirmos um caráter, nada no mundo nos superará, e venceremos a todos os destinos e acasos.

Os 8 Cs da vitória no poder do incômodo

Coragem: O mundo não foi e nunca será um lugar fácil de viver. Coragem para esse incômodo é o primeiro e fundamental passo.

Confiança: Precisamos confiar em nós mesmos, e para isso é necessário conhecer nossas forças. Saber nosso dom, nossa vocação. Obter o sentido, o propósito pelo qual vale a pena viver. Sem a confiança em nós mesmos não conseguimos confiar nos outros. E se não confiarmos na possibilidade da ação conjunta humana não alcançaremos o próximo passo.

Cooperação: Tudo na nossa vida será o resultado da nossa arte de cooperar. Não haveria mundo sem a cooperação das moléculas, dos genes, das células. Não haveria Universo sem a cooperação das forças gravitacionais entre sistemas solares e galáxias. Não seremos nada na vida sem a compreensão da força da cooperação.

Criação: Depois de sabermos cooperar, conseguiremos criar. Toda criação será sempre resultado de cooperação. Muitas vezes reunimos fatores que foram iniciados por pessoas as quais nunca vimos, como ocorre na ciência, na filosofia, na religião, na administração, em tudo. A criação é um ato conjunto e cooperativo.

Consciência: Com os fatores anteriores e dominando as possibilidades de criar, aprendemos a potencialidade de enfrentamento das incertezas e das mudanças inevitáveis na vida e no mundo.

Conquista: Com a consciência, podemos empreender o ato corajoso da conquista. Para conquistar precisamos estar tomados por um foco arrebatador e com ausência de dúvidas. Não há espaço para duvidar no instante presente da luta conquistadora. E ela não será falsa se nascida dos procedimentos anteriores.

Correção: Depois da conquista, a sabedoria está em efetivar as correções. A autocrítica e o melhoramento permanente e constante. O fim não está na conquista – pelo contrário, um novo início toma vida a partir desse ponto.

Caráter: Assim fechamos o ciclo da arte do poder do incômodo: a construção do caráter humano. Caráter esse com prevalência do longo sobre o curto prazo, com predomínio dos impactos realizados sobre tudo o que nos rodeia – meio ambiente, sociedade e o destino das riquezas.

Não nascemos prontos, mas podemos aprender a aprender, e assim, bem incomodados, cresceremos a partir do majestoso poder do incômodo. Faça o melhor uso dele na sua vida e para a vida de muitos.

Estimada leitora e estimado leitor, se você se sente incomodada ou incomodado, eu fico feliz, pois conseguirá encontrar meios para superar e vencer esse incômodo. Como vimos, há os incômodos duros, sofridos – eu mesmo vivi esse incômodo, devido à adoção, à queimadura facial e aos anos de hospitais públicos, porém esse "incômodo" fez muito por mim e por minha vida. Existem os felizes incômodos do brincar e aprender a brincar, do jogar e aprender a jogar, do fazer música e aprender a compor, das invenções que nos atiçam a criação. E os maravilhosos incômodos dos valores, dos fundamentos, do bom senso e da arte da vida, com respeito, humanidades e dignidade. São aqueles incômodos que soam fortes dentro de nós na hora das escolhas e que nos ajudam a escolher bem. E o que significa escolher bem?

Jamais querer resolver aquilo que nos incomoda à custa do sacrifício e do malefício dos outros. Se assim for feito, aquele incômodo vai gerar outro incômodo, que gera outro, e a rede malévola terminará por afogar em suas próprias ondas todos aqueles que não perceberem que acima do poder do incômodo existe a inexorável lei de causa e efeito e suas consequências.

O Brasil em que nasci não existe mais. Está em transformação. Um grande incômodo da categoria apocalipse, mas o qual juntos vamos vencer, avançando para a categoria do incômodo divino.

O Brasil é o lugar mais sensacional da Terra para viver. E o brasileiro, na reunião de todas as raças que representa, o mais humano povo do mundo, pois a todos aprendeu a misturar e integrar.

Você está incomodado com isso? Eu estou. "E acredita mesmo nisso, Tejon?" Sim. Simples, por que eu e você somos brasileiros.

Viva o incômodo e transforme-o na alavanca evolutiva e ascensional de sua vida, em todos os sentidos.

Termino este capítulo com um trecho escrito pelo filósofo francês Pierre-Joseph Proudhon, que viveu no século XIX:

Preso num círculo, nosso espírito se revolve sobre si mesmo, até que uma observação nova suscite novas ideias e nos liberte a imaginação. Era desconhecida a lei da gravidade, ninguém a vê, mas ela está lá. Quando arremessamos algo para o alto, a coisa retorna ao chão. Existe ali um incomodar, uma força que tudo atrai à terra. Desse incômodo, aprendemos um princípio exterior que nos livra de fantasmas que antes ofuscavam nosso entendimento.

– PROUDHON, ¿QUÉ ES LA PROPIEDAD?

POSFÁCIO

BRILHANTE

O incômodo poderia ser um projeto de vida pessoal e nacional.
Com base no incômodo da corrupção, vamos tentar a prática de uma honestidade que não é congênita. Não nascemos honestos, mas nos tornamos, porque ser desonesto incomoda, sobretudo a consciência de cada um.

Vamos levantar a bandeira do incômodo e lutar bravamente por um melhor IDH (índice de desenvolvimento humano), pois o atual nos incomoda. Vamos batalhar para que as pessoas possam viver melhor.

As empresas deveriam investir mais no social, pois incomoda dizer que só o governo é responsável pelo social.

Quantos incômodos que cada um de nós carrega que poderiam se tornar metas de vida:

1. Incomoda saber que no Brasil a média de leitura de livros beira 1,2 livro *per capita* por ano, sendo que boa parte da população não lê. No Uruguai são 9 livros por ano, e na Argentina, *los hermanos* leem 7 por ano. Você já leu algum livro hoje?
2. Incomoda saber que cada um de nós tem um Deus dentro de si, mas vivemos com tanto medo de tudo. Abaixo o medo.
3. Incomoda saber que o vizinho ganha mais, no entanto não fazemos nada para melhorar nosso conhecimento e por conseguinte nossa empregabilidade.
4. Incomoda saber que a violência no país começa dentro de casa.
5. Incomoda saber que somos fracos em matemática e que quase não conhecemos nossa história. Precisamos tirar o incômodo da baixa qualidade da educação. É preciso virar a mesa.

6. Incomoda saber que somos preconceituosos com nossos próprios irmãos de outras cores e outras crenças.

Sugestão: cada um de nós deveria relacionar 5 incômodos e transformá-los em meta de libertação desses medos que nos acompanham.

Parabéns, Tejon, você acaba de levantar uma bandeira humanitária para a melhoria da qualidade de vida das pessoas.

PROF. DR. MARCOS HENRIQUE NOGUEIRA COBRA

REFERÊNCIAS BIBLIOGRÁFICAS

ADORNO, T. W. *Educação e emancipação*. São Paulo: Paz e Terra, 2012.

ADORNO, T. & HORKHEIMER, M. *Dialética do esclarecimento*. Rio de Janeiro: Jorge Zahar, 1985.

BARONI, L. L. "Dilma põe educação em lema de governo e fala em extirpar corrupção". *Revista Exame*, São Paulo, 1º jan. 2015. Disponível em: <http://noticias.uol.com.br/politica/ultimas-noticias/2015/01/01/dilma-poe-educacao-em-lema-de-governo-e-fala-em-extirpar-corrupcao.htm>. Acesso em: 2/1/2015.

BARR, R. D. & PARRETT, W. H. *Hope fulfilled for at-risk and violent youth*: K-12 programs that work. 2nd ed. Boston: Allyn and Bacon, 2001.

BECKETT, K. S. "Paulo Freire and the concept of education". *Educational Philosophy and Theory*, v. 45, n. 1, p. 49-62, 2013.

BERKOVICH, I. "Between person and person: dialogical pedagogy in authentic leadership development". *Academy of Management Learning & Education*, v. 13, n. 2, p. 245-264, 2014.

BROCKETT, R. G. & HIEMSTRA, R. *Self direction in adult learning*. London: Biddles, 1991.

BUSSAB, V. S. R.; PEDROSA, M. I.; CARVALHO, A. M. Al. "Encontros com o outro: empatia e intersubjetividade no primeiro ano de vida". *Psicologia USP* [online], v. 18, n. 2, 2007.

CANAVESI RIMBAUD, M. L. et alli. *Cultura, saberes y práticas docentes*. Montevideo: Vmagro, 2013. v. 1. 340 p.

CAMBRICOLI, F. "Mortes por depressão crescem 705%. *O Estado de S. Paulo*, São Paulo, 17 ago. 2014. Disponível em: <http://sao-paulo.estadao.com.br/noticias/geral,mortes-por-depressao-crescem-705-imp-,1545121>. Acesso em: 20/12/2014.

CARMELLO, E. *Resiliência*: a transformação como ferramenta para construir empresas de valor. São Paulo: Gente, 2008.

CARVALHO, R. *Maestro!*: a volta por cima de João Carlos Martins. Belo Horizonte: Gutenberg, 2015.

CRESWELL, J. W. *Qualitative inquiry and research design*: choosing among five approaches. Thousand Oaks: Sage Publications, 2007.

CYRULNIK, B. *El amor que nos cura*. Barcelona: Gedisa, 2006.

—. *Los patitos feos*. La resiliencia: una infancia infeliz no determina la vida. Barcelona: Gedisa, 2006.

DAUDT, F. *A natureza humana existe*: e como manda na gente. Rio de Janeiro: Casa da Palavra, 2013.

DENZIN, N. K. & LINCOLN, Y. S. *O planejamento da pesquisa qualitativa*: teorias e abordagens. Porto Alegre: Artmed, 2006.

—. *Strategies of qualitative inquiry*. Thousand Oaks, CA: Sage Publications, 2006.

DUBET, F. *La experiencia sociológica*. Barcelona: Gedisa, 2011.

FELDER, L. *Fitting in is overrated*. New York: Sterling, 2008.

FEYERABEND, P. *Contra o método*. São Paulo: Unesp, 2011.

FLICK, U. *Qualidade na pesquisa qualitativa*. São Paulo: Artmed, 2009.

FRANKL, V. E. *A vontade de sentido*. São Paulo: Paulus, 2013.

—. *Em busca de sentidos*. Petrópolis: Vozes, 2010a.

—. *Logoterapia e análise existencial*. Rio de Janeiro: Grupo Editorial Nacional, 2012.

—. *O que não está escrito nos meus livros*. São Paulo: É Realizações, 2010b.

FREIRE, P. *Pedagogia da esperança*. São Paulo: Villa das Letras, 2011.

FREUD, S. *Moisés e o monoteísmo, Esboço de psicanálise e outros trabalhos (1937-1939)*. Rio de Janeiro: Imago, 2006.

FUNDAÇÃO CASA. *Website da Fundação Casa*. Disponível em: <http://www.fundacaocasa.sp.gov.br/>. Acesso em: 20/9/2014.

GAGNON, Y. C. *The case study as research method*: implementation guide. Québec: Presses de l'Université du Québec, 2010.

GALLOWAY, S. "Reconsidering emancipatory education: staging a conversation between Paulo Freire and Jacques Rancière". *Educational Theory*, v. 62, n. 2, abr. 2012.

GEBER, B. *Psicologia do conhecimento em Piaget:* estudos de epistemologia genética. Rio de Janeiro: Zahar, 1979.

GOLEMAN, D. *Focus.* New York: Harper, 2013.

GRINDER, J. & BANDLER, R. *Resignificando*: programação neurolinguística e transformação do significado. São Paulo: Grinder, 1986.

HART, Michael. *As 100 maiores personalidades da história.* Rio de Janeiro: Difel, 2002.

HEGEL, G. F. *Fenomenologia do espírito.* Petrópolis: Vozes, 2011.

ILICH, I. *La convivencialidad.* Barcelona: Virus, 2011.

JOHNSON, P. *Os criadores.* Rio de Janeiro: Elsevier, 2006.

JOHNSON, Steven. *De onde vêm as boas ideias.* Rio de Janeiro: Zahar, 2011.

KOFMAN, F. *Consciência nos negócios.* Rio de Janeiro: Elsevier, 2007.

LIMA, M. C. *Monografia*: a engenharia da produção acadêmica. 2ª ed. São Paulo: Saraiva, 2008.

MACEDO, A. L. de. *Entrevista com o Dr. Antônio Luiz de Vasconcellos Macedo.* 2013. Entrevista concedida a José Luiz Tejon.

MAKIGUTI, T. *A pedagogia da felicidade.* Campinas: Papirus, 2009.

MARTIN, George R.R. *O mundo de gelo e fogo:* a história não contada de Westeros e as crônicas de gelo e fogo. São Paulo: Leya, 2014.

MARX, K. & ENGELS, F. *Cultura, arte e literatura*: textos escolhidos. São Paulo: Expressão Popular, 2010.

MEGIDO, J. L. T. "Só 11% engajados, os restantes desengajados. E agora 'CEO's'?". *Revista Exame*, São Paulo, 23 fev. 2013. Disponível em: <http://exame.abril.com.br/rede-de-blogs/cabeca-de-lider/2013/02/23/so-11-engajados-o-restante-desengajados-e-agora-ceos>. Acesso em: 20/12/2014.

—. *O "Método Stanislavski" para a construção de papéis*: a arte na interpretação do educador. 2003. Dissertação (Mestrado) - Universidade Presbiteriana Mackenzie, São Paulo, 2003.

—. *Matriz da dignidade x raiz do medo.* Disponível em: <www.tejon.com.br>. Acesso em: 26/10/2014.

—. *O voo do cisne.* São Paulo: Gente, 2004.

—. *O beijo na realidade.* São Paulo: Gente, 2005.

—. *A grande virada.* São Paulo: Gente, 2008.

MERRIAM, S. B. *Qualitative research*: a guide to design and implementation. San Francisco, CA: Jossey-Bass, 2009.

200 • JOSÉ LUIZ TEJON MEGIDO

Morin, E. *Educação e complexidade*: os sete saberes e outros ensaios. São Paulo: Cortez, 2000.

—. *Enseigner à vivre*: manifeste pour changer l'éducation. Domaine du possible. Arles: Actes Sud, 2011.

Nietzche, F. *Ecce homo*. São Paulo: Companhia das Letras, 2008.

Oaklander, V. *Descobrindo crianças*. São Paulo: Summus, 1980.

Pallotini, R. *Dramaturgia, construção do personagem*. São Paulo: Ática, 1989.

Paparazzi, B. *Maestro João Carlos Martins*. Disponível em: <http://www. billpaparazziphotos.blogspot.com>. Acesso em: 15/7/2014.

Pedro, M. J. G. S. *Realidad y perspectivas de la formación por competencias en la universidad*. 2007. Tese (Doutorado) - Faculdad de Ciencias de la Educación. Universidad Autònoma de Barcelona. Bellaterra, 2007.

Perrenoud, P. *Ensinar*: agir na urgência, decidir na incerteza. Porto Alegre: Artmed, 2001.

—. *Pedagogia diferenciada*. Porto Alegre: Artmed, 2000.

Peterson, T. E. "Constructivist pedagogy and symbolism: Vico, Cassirer, Piaget, Bateson". *Educational Philosophy and Theory*, v. 44, n. 8, 2012.

Piaget, J. *Para onde vai a educação*. Rio de Janeiro: José Olympio, 2011.

Platão. *A República*. 3. ed. São Paulo: Martin Claret, 2000.

Rimbaud, M. L. C. (Org.). *Cultura, saberes y prácticas docentes*: una experiencia entre docentes y estudiantes de doctorado. Montevideo, Uruguay: Editorial Grupo Magro, 2014.

Schopenhauer, A. *Metafísica do belo*. São Paulo: UNESP, 2003.

Shinyashiki, R. *Tudo ou nada*. São Paulo: Gente, 2006.

Siegel, D. *The Whole-Brain Child*. New York: Penguin, 2013.

Skinner, B. F. *The behavior of organisms*: an experimental analysis. 1938.

Smokowski, P. R.; Reynolds, A. J.; Bezruczko, N. "Resilience and protective factors in adolescence: an autobiographical perspective from disadvantaged youth". *Journal of School Psychology*, v. 37, n. 4, p. 425-448, 1999.

Spolin, V. *Improvisação para o teatro*. São Paulo: Perspectiva, 2001.

Stadon, J. "Did Skinner miss the point about teaching?". *International Journal of Psychology*, v. 41, n. 6, 2006.

Stanislavski, C. *Em minha vida na arte*. São Paulo: Imprensa Oficial, 1924.

—. *Minha vida na arte*. Rio de Janeiro: Civilização Brasileira, 1989.

UBALDI, P. *A grande síntese*. Rio de Janeiro: Sindicato Nacional dos Editores de Livros, 2001.

YIN, R. K. *Estudo de caso*: planejamento e métodos. 3. ed. Porto Alegre: Bookman, 2005.

—. *Case study research*: design and methods. 4th ed. Thousand Oaks: Sage Publications, 2009.

YOUTUBE. *José Luiz Tejon e Maestro João Carlos Martins em São Paulo*. 2012. Vídeo. Disponível em: <http://www.youtube.com/watch?v=r4iD7I2pMtM>. Acesso em: <15/6/2014.

—. *J Soares entrevista José Luiz Tejon (Parte 1 de 4)*. 2011. Vídeo. Disponível em: <https://www.youtube.com/watch?v=QBnvQRZ7ohE>. Acesso em: 12/4/2014.

WEBB, D. "Process, orientation, and system: the pedagogical operation of utopia in the work of Paulo Freire". *Educational Theory*, v. 62, n. 5, 2012.

WESTFALL, A. & PISAPIA, J. *Students who defy the odds*: a study of resilient at-risk students. Research brief #18. Richmond, VA: Metropolitan Educational Research Consortium, 1994.

WILLIG, C. *Introducing qualitative research in psychology*. 3rd ed. McGraw-Hill: Berkshire, 2013.

WOODSIDE, A. G. *Case study research*: theory, methods, practice. Bingley, WA: Emerald, 2010.

SOBRE AS PERSONALIDADES DA CAPA

A capa deste livro é uma homenagem à história viva e real de genuínos símbolos – heróis da humanidade. Eles não são os únicos. Não serão os únicos. A humanidade está repleta de seres humanos que doaram sua existência para a evolução de todos. Muitos conhecidos, e milhões anônimos. Nesta capa celebramos o sentido deste livro: o aprendizado constante e permanente, pois nem mesmo os mais famosos e reconhecidos ídolos humanos nasceram prontos.

Todos, sem exceção, são guerreiros que não nascem prontos, e para sempre assim será. E aí reside a grandiosidade da legítima esperança da vitória humana na Terra. Todos recebemos quase tudo, do outro, do próximo, seja de alguém vivo, ao nosso lado, seja de alguém que viveu mil anos atrás. Todo guerreiro é resultado da luta e da vida de outros guerreiros.

Malala Yousafzai

Jovem, primogênita da família Yousafzai, nasceu no Paquistão, no vale do Swat. Antes de ganhar o Nobel da Paz 2014 e o prêmio Sakharov, do parlamento europeu, Malala precisou enfrentar as milícias fundamentalistas do Talibã para ter o direito de estudar. Seu preparo para ser guerreira teve em seu pai, um professor, que, admirado com a curiosidade e a vontade de evoluir dessa menina, resolveu não seguir a cultura local, que não permitia que meninas tivessem acesso ao estudo. Enquanto os meninos dormiam, o pai de Malala deixava que ela ficasse a seu lado ouvindo sobre Física, Literatura, Filosofia e História. Aos 15 anos Malala levou um tiro na cabeça quando saía da escola, vítima de uma ação terrorista local. Havia uma ordem para não dar mais aulas para meninas. Graças à mão estimuladora do pai, naquela época, ela escrevia

204 • JOSÉ LUIZ TEJON MEGIDO

sob um pseudônimo, o blog *Diário de uma Estudante Paquistanesa*, em que contava a situação das estudantes no país e defendia a educação feminina para todas. Malala abriu uma escola para meninas sírias refugiadas no Líbano, e pede aos líderes mundiais: "invistam em livros, não em balas".

JUSCELINO KUBITSCHEK

Juscelino comprova a saga de que guerreiros não nascem prontos. Terminam por ser forjados nas escolas do aprendizado, da vida e dos seus desafios. Presidente do Brasil de 1956 a 1961. Nasceu em Diamantina, Minas Gerais. Filho de vendedor. Ficou órfão aos 3 anos. Criado por sua mãe, a quem reconhecia como responsável por sua trajetória e a quem atribuía tudo o que viria a ser. De origem pobre, Juscelino atuou na Revolução Constitucionalista de 1932 como capitão médico da Força Pública. O então futuro governador de Minas, Benedito Valadares, um amigo conhecido nas lutas, chama-o para a chefia do seu gabinete. "Cinquenta anos em cinco" foi o lema de Juscelino. Em 32 meses, construiu Brasília, inaugurada em 21 de abril de 1960. E tomou essa decisão quando em um comício uma pessoa que o ouvia, perguntou-lhe: "O Senhor vai levar a capital para o Planalto Central, como apregoa a Carta Magna?". Ele, que ainda não havia pensado nisso, respondeu: "Se está na Constituição, sim, eu o farei.". E fez. Faleceu em 1976, sob circunstâncias não conclusivas até agora, se acidente ou assassinato. "Somos um povo, isto é, um conjunto de cidadãos ligados, não apenas por interesses materiais, mas por valores éticos e espirituais." Assim entrou para a História. Uma aura de simpatia e confiança; um herói da tão necessitada política brasileira contemporânea; um símbolo brasileiro ao lado de personalidades mundiais.

NELSON MANDELA

O *The Washington Post* registrou: "uma das vidas mais extraordinárias do século XX". E, como fundamentamos neste livro, o resultado de uma longa jornada, com todas as provações, todos os enfrentamentos e uma história revelada em livros, filmes e documentários. No entanto, como o aprendizado nunca termina, depois de uma das mais incríveis histórias guerreiras da humanidade, a realidade confirma: guerreiros não nascem prontos. Foi ainda processado por duas filhas que desejavam controlar os direitos das telas pintadas por Mandela e a sua fortuna. E, já aos 94 anos, precisava de advogados para brigar, não mais contra o racismo, a perseguição política, mas contra a ambição das próprias filhas. E, nessa luta, uma das filhas ainda conseguiu lançar uma marca de vinhos "House of Mandela". Estive em Soweto, na casa original de Mandela. Esse homem só comia mingau de milho, coalhada e feijão; torradas secas e água pela manhã na escola interna Healdtown onde estudou. Preso por 27 anos, só aceitou sair da prisão quando teve certeza de que todos os demais prisioneiros políticos seriam libertados com ele. Faleceu em Joanesburgo, aos 95 anos. Mesmo como o estadista mais amado do mundo, continuou aprendendo nas lutas familiares até seu último suspiro. "Minhas raízes eram o meu destino", assim viveu o Nobel da Paz de 1993.

MADRE TERESA DE CALCUTÁ

Nascida em uma família católica da comunidade albanesa do sul da antiga Iugoslávia, madre Teresa descobriu sua vocação aos 18 anos, na Albânia. Ingressou na casa das irmãs de Nossa Senhora de Loreto, na Irlanda. Com apenas um pequeno grupo de cinco crianças, em Patna, na Índia, a irmã Teresa, de sári branco, começou a dar aulas. Um dia, numa viagem de trem, em 1946 tomou a decisão de se dedicar aos necessitados. "As mãos que ajudam são mais sagradas do que os lábios que rezam." Seguia de abrigo em abrigo conduzindo a palavra e colocava suas mãos à disposição para servir a todo trabalho que houvesse. E, como guerreiros formam guerreiros, pois nossas decisões são ensinadas e inspiradas por quem nos impacta na vida, antigas alunas do colégio de Madre Teresa foram chamadas para a vocação do voluntariado. Como Shubashini, que era de uma família rica e decidiu colocar sua vida a serviço dos pobres. Madre Teresa recebeu o Nobel da Paz em 1979. Foi premiada nos Estados Unidos, na União Soviética e, em 2003, foi beatificada pelo papa João Paulo II.

MAHATMA GANDHI

Guerreiros recebem inspirações de elevada sabedoria. Seu mérito está em acolhê-las: o princípio do *Satyagraha*, conhecido também como o "caminho da verdade", é obra de heróis ativistas humanistas como Martin Luther King e outros. Gandhi exercitou-o ao extremo da sua potencialidade. Verdade: *satya* e não violência: *ahimsa*. E como as histórias humanas insistem em nos revelar e ajudar a entender, os guerreiros não nascem prontos; Gandhi também não. Nascido em um pequeno povoado, Porbandar, na Índia, aos 13 anos, seguindo a tradição, precisaria se casar. Rebelde, não obedeceu à cultura local e foi para a Inglaterra estudar. Advogado, porém muito tímido, não obteve êxito na profissão. Contudo, foi na África do Sul, terra de Mandela, que despertou para a consciência social. Indignou-se ao saber que, na Índia, uma lei estava para ser promulgada, proibindo o voto aos hindus. Fez da desobediência civil em massa a sua arma. Cinco eram os pontos defendidos por ele: 1. igualdade; 2. nenhum uso de álcool ou droga; 3. unidade hindu-muçulmano; 4. amizade; 5. igualdade para as mulheres. Em 1948, morreu assassinado em Nova Déli. Seu assassino foi enforcado, mesmo contrariando o último pedido de Gandhi: "Não punam o meu assassino". "*Hai Ram!*": você é o conhecedor do que está dentro do coração, deus de tudo, você cria e destrói todo o trabalho deste mundo, você é o criador deste mundo, a manhã e o entardecer, teu nome é o verdadeiro nome nesta palavra o *ram*... Esse mantra foi sua última palavra antes de falecer.

Roberto Shinyashiki

Antes dos 10 anos, numa escola pública em Santos, o menino tímido Roberto começava a ganhar o apelido de China. Veio com sua família lá da Vila Margarida de São Vicente, comunidade de gente trabalhadora, que lutava na pobreza. O Beto, ou o China, vivia agora no bairro do Marapé. Seu pai tinha uma farmácia. E isso já era um grande salto na qualidade de vida. Dali, foi estudar em outra escola pública de Santos. Passado um bom tempo, Roberto Shinyashiki adquiriu fama, respeito e muito sucesso, apesar de sempre registrar que, de verdade: "sucesso é ser feliz". Por que o Shinyashiki está na capa deste livro, ao lado de celebridades mundiais eternizadas? Porque fiz questão. Eu queria ter nesta capa alguém vivo, presente, real, que dá para tocar, com quem podemos conversar, e alguém que eu conhecesse e muito. Morávamos próximo um do outro. Tocávamos rock, e eu ia ensaiar na casa do meu amigo de infância, esse China, agora o doutor Shinyashiki. Aos 16 anos, o guerreiro Beto me empurrou para a frente de um palco, com milhares de pessoas assistindo, num festival de música popular, e com isso mudou a minha vida. Eu não queria, mas na hora de tocar minha música, se eu não fosse, ele não iria. Conclusão: eu fui. E, ao ir, fui visto e perdi o medo de ser visto. Quando tínhamos uns 23 anos, vi o China pela última vez na juventude, no início de seus estudos de Medicina na Universidade de Bragança... Quase trinta anos depois, minha filha Karen me deu um livro do doutor Roberto – *Amar pode dar certo*. Olhei curioso para a foto, os dados da capa, e não acreditei: seria o China? Sim, era. Reencontrei o velho amigo, inimaginável. O rapaz quieto, tímido, mas que havia me empurrado para mudar minha própria vida, havia se tornado o agora famoso guru das transformações humanas. E, ao nos revermos, de novo me deu um empurrão: desta vez para o mundo dos livros, das palestras e me fez viver a maior de todas as terapias do mundo ao me fazer escrever o livro *O voo do cisne*, contando e refletindo a minha incrível história de vida. E por que ele é um guerreiro que não nasce pronto? Simples, pois é incansável e incomodado. Agora, quando escrevo este livro, lá estava o Roberto com um monte de jovens vendo como aplicar os conhecimentos da mídia digital nos negócios, e me mostra como usar o Snapchat. Já doutor não sossegou enquanto não foi fazer outro doutorado, na Usp, na área de Administração. E toda hora me fala e me estimula a estudar as novidades da nossa profissão, pelo mundo afora. Além da sua carreira de sucesso, faz sucessores. Seus filhos Ricardo e Arthur, geniais meninos, me chamam para entrar na educação à distância. E, além de tudo isso, uma vez por mês, nós nos vemos e tocamos rock & roll... pois guerreiro sabe que não nasce pronto, e para seguir aprendendo é necessário manter viva dentro de cada um de nós a chama da criança, do menino. Roberto Shinyashiki é um guerreiro que não nasceu pronto, que errou, consertou, aprendeu, progrediu, como você e eu, mas não para, inspirando a todos a não parar jamais. Meu amigo, irmão, doutor Roberto Shinyashiki, o Beto, o eterno China: obrigado.

STEVE JOBS

"Se não fosse um vizinho meu, que me dava jogos e brinquedos eletrônicos, eu jamais teria criado a Apple. E se não fosse um professor que praticamente me subornava para estudar, da mesma forma, não teria sido este Steve Jobs." Assim o criador da revolucionária e disruptiva Apple falava de si mesmo. Como autêntico reconhecedor de que guerreiros não nascem prontos, mencionava seu vizinho e seu professor como educadores fundamentais na sua vida. Criatividade disruptiva, seu sinônimo. Criou Macintosh, Ipod, Iphone, Ipad. Jobs, filho adotado, não tinha dinheiro para pagar a escola. Com um amigo, em um fundo de garagem, montava computadores. Afastado da própria empresa por não concordar com seus métodos, criou a Next. Depois comprou a Pixar, trabalhou para a Disney e fez o *Toy Story*. Tinha explosões emocionais, era centralizador e também desapegado do dinheiro. Lançou Icloud, Netbooks. Deixou a Apple em agosto de 2011 e faleceu em outubro do mesmo ano. Seus dois mantras principais: "Pense diferente" e "A jornada é a recompensa" – lema que também fazemos nosso neste livro. Um guerreiro do diferente, do invisível, dizia ainda: "É melhor ser um pirata do que se juntar à marinha". Um viva a seus pais adotivos Paul e Carla Jobs, seus pais biológicos, o sírio Abdulfattah Jandali e Joanne Schieble, ao vizinho e ao professor de Jobs, e a seu primeiro sócio na garagem, Stephen Wozniak. Sem eles, o guerreiro Jobs não estaria pronto. Entretanto, vale a pena rever e pensar: seu sócio, Wozniak, deu todo o dinheiro que ganhou para a escola do distrito de Los Gatos. E, mesmo depois de terem brigado, Woz, em homenagem após a morte de Jobs, acampou por 20 horas em frente a uma loja Apple para ser o primeiro a comprar um Iphone 4S. Guerreiros nunca nascem prontos.

Este livro foi impresso pela gráfica Eskenazi em
papel norbrite 66 g/m² em março de 2019.